AF385387

CHRESTOMATHIE ÉGYPTIENNE.

EN VENTE

À LA LIBRAIRIE A. FRANCK

(F. VIEWEG, PROPRIÉTAIRE),

RUE RICHELIEU, 67.

CHRESTOMATHIE ÉGYPTIENNE

PAR

M. LE VICOMTE DE ROUGÉ.

ABRÉGÉ GRAMMATICAL.

TROISIÈME FASCICULE.

PARIS.

IMPRIMERIE NATIONALE.

M DCCC LXXV.

AVANT-PROPOS.

Lorsqu'une mort prématurée vint, à la fin de l'année 1872, enlever si subitement mon père à l'affection de sa famille et briser une carrière scientifique dont on pouvait encore tant espérer, le manuscrit du IIIe fascicule de l'*Abrégé grammatical* était complétement terminé : des circonstances indépendantes de ma volonté en ont jusqu'à ce jour retardé la publication.

L'*Abrégé grammatical* est le résumé des cours du Collége de France, dans lesquels mon père, à deux reprises différentes, développa devant ses auditeurs les règles fondamentales de la grammaire égyptienne. Ceux qui ont suivi ces leçons se souviennent encore de la maturité qui présidait à leur préparation comme de la prudence que le professeur savait y apporter, prévenant avec un soin jaloux des doutes qui pouvaient subsister dans son esprit, et signalant toujours les points où l'insuffisance de nos connaissances ne permettait pas de poser des règles définitives. En particulier, au sujet de la syntaxe de la grammaire égyptienne, il répétait souvent que, pour le moment, il fallait se contenter de tracer quelques règles générales, en laissant aux travaux de l'avenir la tâche de combler les lacunes par l'étude plus approfondie des textes déjà connus et le déchiffrement des inscriptions nouvelles.

Ces leçons du Collége de France, en dehors de l'intérêt scientifique, ont laissé dans mon cœur des souvenirs que j'ai

le devoir d'exprimer ici. Ce qui frappait tout d'abord, ce me
semble, c'était la clarté la plus parfaite dans la démonstra-
tion, unie à une modestie incroyable. Il y avait pour moi je
ne sais quelle émotion profonde, lorsque j'entendais celui qui
venait d'élucider des textes les plus difficiles ou d'exposer
d'une façon magistrale quelque règle de grammaire jusque-là
restée obscure, avouer simplement et sans embarras que tel
passage restait pour lui lettre close ou telle tournure de phrase
sans explication satisfaisante. Il y a dans ce fait un grand
amour de la vérité, une abnégation de soi-même assez rares
pour mériter qu'on les relève; aussi est-ce avec une joie bien
vive que j'ai vu dernièrement un de ses auditeurs les plus as-
sidus rendre un hommage public, dans la préface d'un de ses
livres, à la mémoire scientifique de mon père et particulièrement à la méthode suivie par lui dans ses cours du Collége
de France; cet éloge a été fait par l'auteur en des termes tels,
que je veux ici lui en témoigner ma reconnaissance.

Il y avait en effet dans cette méthode une telle prudence,
dans les résultats qu'elle produisait une telle sûreté, que
si l'on voulait dresser la liste des connaissances nouvelles introduites par mon père dans la science, et qui s'y sont main-
tenues malgré les progrès si remarquables de l'égyptologie,
cette énumération serait longue et bien remplie. D'ailleurs ne
suffirait-il pas à sa gloire, comme le disait naguère M. Grébaut,
« d'être resté le représentant le plus autorisé des études que
« son génie seul avait sauvées après la mort de Champollion. »

V^{ᵗᵉ} JACQUES DE ROUGÉ.

ABRÉGÉ GRAMMATICAL.

SECTION TROISIÈME [1].

DU VERBE.

DES MODIFICATIONS DU RADICAL EN GÉNÉRAL.

253. Les mots de la langue égyptienne, et plus particulièrement les verbes, se présentent quelquefois sous des formes où le radical a subi diverses additions, tout à fait indépendantes de celles que produisent les affixes. Ces additions se divisent très-naturellement en deux classes : les unes, analogues au produit du travail intime qui, dans les langues sémitiques, a fait passer une partie des ra-

---

[1] Les numéros de cette livraison ne sont, pour le fond, que la reproduction des leçons professées pour la première fois, il y a douze ans, au Collége de France, et qui ont été renouvelées depuis devant une seconde série d'auditeurs; mais nous n'avons pas négligé de mettre cette partie de la grammaire au niveau de la science, soit par le choix de meilleurs exemples, soit par l'étude des formes nouvelles, révélées par les publications de ces dernières années. Travaillant d'après les mêmes principes, nous nous sommes rencontré fréquemment avec les savants qui ont élucidé divers points de la gram-maire et notamment avec M. Maspero dans ses études récentes sur le verbe égyptien. C'est pourquoi nous croyons devoir constater ici particulièrement que tout ce qui concerne la génération du verbe copte a été développé dès nos premières leçons. On trouve d'ailleurs, dans tous nos ouvrages, des applications de cette doctrine, depuis le *Mémoire sur l'inscription d'Ahmès*, où nous avons indiqué dès 1851 (voyez à la p. 60, note) la forme *tuâ-reχ*, inconnue à Champollion, comme l'origine du xive temps du verbe copte en ⲧⲁ, ⲧⲁⲣⲓ. (15 juillet 1872. E. R.)

cines de deux lettres à des types plus développés, ne doivent pas figurer dans l'étude grammaticale des verbes[1]. En effet, à la différence des formes variées du verbe sémitique, elles n'amènent pas un changement régulier dans la nuance du sens attaché au radical.

Parmi celles qui ne paraissent avoir entraîné qu'une modification sans importance dans la prononciation, on peut compter : 1° les formes augmentées d'une voyelle initiale. L'addition porte le plus souvent sur la lettre 𓇋 *à* : c'est ainsi que le verbe négatif 𓐍𓅓 *χem* se rencontre avec l'orthographe 𓇋𓐍𓅓 *àχem*. Quelquefois l'addition comprend les voyelles 𓇋𓄿 *àa* ou 𓇋𓏺 *àu;* le radical 𓐍𓅱 *χu*, qui possède une signification très-variée dans les sens de « protection, honneurs, avantages, esprits, etc. » est écrit dans certains mots 𓇋𓄿𓐍𓅱 *àaχu* et 𓇋𓏺𓐍𓅱 *auχu*. L'addition de la voyelle 𓅱 *u* est un peu plus rare. Les figurines funéraires sont appelées dans leur légende 𓌢𓈙𓃀 *šabti;* mais on trouve, en variante, 𓅱𓈙𓃀 *ušebti*. L'usage attache parfois l'une de ces formes à quelques-uns des mots dérivant du même radical, mais il n'y a rien dans cette modification qui puisse être rapproché des formes causatives افعل ou הפעיל.

254. Le radical égyptien comprend ordinairement deux ou trois lettres : on n'en a pas remarqué d'une forme quadrilittérale, mais quelques radicaux n'ont qu'une seule lettre. La seconde lettre du radical prend assez souvent la nasale[2]; exemple : 𓂋𓅓𓏏 « pleurer » égal à 𓂋𓅓𓏏 *rim*[3]. Quelquefois l'addition se fait par le groupe 𓈖𓈖𓈖, surtout devant la liquide 𓂋 *r;* exemples : 𓈖𓂋𓀜 *Kanru*, égal à 𓂋𓀜 *Karu*, nom propre (le Ca-

---

[1] Nous avions signalé la plus importante de ces formes secondaires dans le *Mémoire sur l'inscription d'Ahmès*, p. 161. M. Brugsch a le mérite d'avoir attiré l'attention sur leur ensemble dans le préambule de son dictionnaire ; mais, ainsi qu'on le verra dans les numéros suivants, nous ne pouvons y reconnaître avec lui quelque chose de semblable aux diverses formes du verbe sémitique.

[2] Voyez ci-dessus, nᵒˢ 44 et 45.

[3] *Papyrus de Boulaq*, XX, 3.

rien); 〈hiéroglyphes〉 *àanru*, égal à 〈hiéroglyphes〉 *àaru*. Ce changement, usité même dans les noms propres, prouve que la prononciation en était peu affectée. La nasale s'ajoutait aussi à la fin du mot; exemple : 〈hiéroglyphes〉 *uten* « tracer des caractères, écrire, » égal à 〈hiéroglyphes〉 *ut*. Quelquefois l'orthographe elle-même décèle l'addition, comme dans le mot 〈hiéroglyphes〉 *ḥuni*, comparé au radical 〈hiéroglyphes〉 *ḥu* « frapper. » Il faut bien se garder de chercher dans cette modification quelque chose d'analogue au ן servile du נפעל, qui forme des passifs.

255. L'insertion du 〈hiéroglyphe〉 *t* est aussi assez fréquente : c'est ainsi que les variantes 〈hiéroglyphes〉 *àur* et 〈hiéroglyphes〉 *àtur* paraissent s'échanger indifféremment pour le nom du fleuve. Plus rarement, l'addition porte sur les lettres voisines 〈hiéroglyphe〉 *ṭ* et 〈hiéroglyphe〉 *t* : les formes 〈hiéroglyphes〉 *seṭeb* et 〈hiéroglyphes〉 sont dérivées de 〈hiéroglyphes〉 *seba* « impie. »

Mais il y a lieu d'observer que le signe 〈hiéroglyphe〉, servant souvent d'explétif et ayant été ajouté uniquement pour carrer l'écriture, des exemples tels que 〈hiéroglyphes〉 *retum* pour 〈hiéroglyphes〉 *rem*, « pleurer[1], » et 〈hiéroglyphes〉 *peteḥrer*[2] pour 〈hiéroglyphes〉 *paḥrer* « marcher rapidement, » sont justement suspects, et ne doivent pas être enregistrés facilement comme des formes nouvelles.

256. L'addition de la lettre *r* finale a été signalée dès l'origine par Champollion; exemple : 〈hiéroglyphes〉 *sur* « boire, » égal à 〈hiéroglyphes〉 *sàu*, copte ⲥⲱ. Le copte a lui-même conservé ⲛⲟϥⲣⲉ à côté de ⲛⲟⲩϥⲓ, mais il a souvent perdu ce ⲡ final[3]. Beaucoup de

---

[1] *Papyrus de Boulaq*, XI, 7.

[2] *Todtenbuch*, 17, 88.

[3] Un très-grand nombre d'autres modifications produites par diverses additions, telles que le 〈hiéroglyphe〉 *ṭ* initial, le 〈hiéroglyphe〉 *ḥ* et 〈hiéroglyphe〉 *χ* initiaux, le 〈hiéroglyphe〉 *s* final et diverses autres lettres, peuvent donner lieu à une étude très-intéressante pour la formation du dictionnaire, mais elles ne rentrent pas dans notre sujet. Contentons-nous de dire que le 〈hiéroglyphe〉 initial a ordinairement la force causative.

mots antiques se présentent déjà sous les deux formes. (Voyez le n° 46 *bis.*)

257. Une seconde classe de modifications est celle qui s'opère par la réduplication de tout ou portion du radical lui-même. Le cas le plus fréquent est la réduplication de la dernière lettre; elle se rencontre très-souvent pour les radicaux de deux lettres, qui sont ainsi amenés à la forme trilittérale; exemple : [hiéroglyphes] *àbeb* pour [hiéroglyphes] *àb* « désirer; » [hiéroglyphes] *pesàs* pour [hiéroglyphes] *pes* « cuire, etc. » On n'a jamais constaté de nuance particulière, produite par ce changement; cependant, dans certains cas, cette forme est peut-être plus énergique.

Ce redoublement s'observe aussi quelquefois dans un thème trilittéral comme [hiéroglyphes] *χenemem* pour [hiéroglyphes] *χenem* « respirer, dormir. »

On cite aussi quelques cas de redoublement pour la seconde radicale d'un thème trilittéral, mais ils ne paraissent pas davantage en modifier le sens.

258. Le redoublement du radical entier se caractérise au contraire comme fréquentatif ou emphatique; il s'applique très-habituellement à des verbes où l'action est multipliée ou continuée; il se rapproche donc sous ce rapport des formes dont l'étude appartient plus directement à la grammaire [1].

Si le thème est syllabique, il se redouble tout entier; exemples : [hiéroglyphes] *ānān* de [hiéroglyphes] *ān* « se retourner; » [hiéroglyphes] *hunhun* « revenir, » comparé à [hiéroglyphes] *hen*. [hiéroglyphes] *ušaušau* « briser » n'échappe pas à cette règle, malgré le nombre des voyelles écrites : c'est ce qu'on voit par la comparaison du copte ⲟⲩⲉϣⲟⲩⲁϣ « distendere ad cædendum, » qui en

<hr>

[1] Voyez, pour la discussion de cette forme, le *Mémoire sur l'inscription d'Ah-mès*, p. 161, où nous en avions expliqué déjà toute la théorie.

représente la prononciation. 〔hiéroglyphes〕 *ḥenbḥenb* semblerait aussi une exception, mais elle rentre également dans la règle, car la nasale n'est ici qu'un accident de la voyelle.

Quand le thème comprend trois articulations, le redoublement ne s'applique qu'aux deux dernières[1]. L'exemple cité par M. Brugsch est très-frappant : le type 〔hiéroglyphes〕 *ben* «anneau» devient 〔hiéroglyphes〕 *ṭeben* «tourner,» et ensuite au fréquentatif 〔hiéroglyphes〕 *ṭebenben* «circuler, parcourir.» Le copte observe cette règle tout comme l'égyptien; exemple : ϩⲧⲱⲧⲱ «brouillard, obscurité, etc.[2]» C'est aussi exactement la règle que suivent les mots hébreux de composition semblable, tels que חברברת « des taches, etc. » qu'on ne range pas dans les conjugaisons régulières, quoiqu'ils forment une classe assez nombreuse. Il est à remarquer que plusieurs mots de cette forme semblent emporter une nuance diminutive, surtout dans les noms de couleur, tels que אדמדם « rougeâtre, » de אדם « rouge. » Quoique cette modification de sens n'ait pas encore été observée dans l'égyptien, il y a là une analogie de forme toute spéciale qui ne doit pas être négligée. La valeur grammaticale de *ṭebenben* est d'ailleurs reproduite exactement dans סחרחר « circum ire » (Psalm. XXXVIII, 11).

259. Le radical ainsi redoublé se rencontre à son tour sous deux formes apocopées. La première radicale y est toujours redoublée, mais la seconde est omise tantôt dans la première syllabe, comme 〔hiéroglyphes〕 *sesen* de 〔hiéroglyphes〕 *sensen* «respirer, souffler;» tantôt dans la seconde 〔hiéroglyphes〕 *sense*. Il est à remarquer que la suppression porte presque toujours sur les liquides; nous n'oserions pas répondre que toutes ces formes apocopées fussent réellement distinctes dans le lan-

---

[1] Voyez le *Mémoire sur l'inscription d'Ahmès*, p. 161 et suiv. Comparez aussi Oppert, *Grammaire assyrienne*, 1868, p. 102, pour les formes פעלעל et פפעל.

[2] Le premier type est évidemment la négation 〔hiéroglyphes〕 *tem*, d'où vient le verbe 〔hiéroglyphes〕 «diminuer, obscurcir,» dans lequel l'addition de 〔hiéroglyphe〕 *ḥ* initial amène l'idée d'action.

gage, car il serait possible que l'écrivain se fût servi là d'une véritable abréviation; considérant, par exemple, la forme redoublée *sensen* comme suffisamment indiquée au lecteur dans un groupe écrit ⏑⏑ ou ⏑ par la réduplication de la première lettre radicale[1].

260. Outre ces modifications, le verbe égyptien possède une véritable voix causative et tout à fait comparable cette fois au שׁפעל araméen, qui a ses analogues dans l'assyrien et l'éthiopien. Elle provient de l'addition de l' s initial[2]. C'est ainsi que $ḥā$ « stare » fait régulièrement $s\text{-}ḥā$ « erigere. » (Rosette, σ῾ῆσαι.) On trouve aussi la forme, dans laquelle je crois le ▬ explétif. Nous comparerons plus loin cette modification à d'autres formules du causatif[3].

Toutefois l'addition au radical de l's initial n'entraîne pas toujours le sens causatif : c'est ainsi que $set̞aṭ$ ne signifie pas « faire dire, faire parler, » mais simplement « dire ou parler, » comme le copte ⲥⲁϫⲓ, qui y correspond.

DE LA CONJUGAISON.

261. La forme simple du radical dépourvue de toute addition et représentant pour ainsi dire l'idée abstraite est employée dans le discours pour des cas assez divers et que nous sommes accoutumés à distinguer soigneusement dans nos grammaires. Soit par exemple le verbe $ḥu$ « pousser, frapper; » cette forme, toute isolée, pourra être rencontrée dans des phrases où l'on devra nécessairement traduire soit à l'indicatif « il frappe, il frappait, il a frappé, il avait frappé, il frappera; » soit à l'impératif « frappe; » soit à l'in-

---

[1] Pour ces formes secondaires, comparez la *Grammaire assyrienne* de M. Oppert (Paris, 1868), p. 102.

[2] Le copte, qui l'a perdue, l'a remplacée ordinairement par le ⲧ initial, provenant de « dare. » — [3] Voyez Champollion, *Gramm.* n° 286. Je crois pouvoir me dispenser d'insister par des exemples sur des règles aussi anciennement acceptées que celle-ci.

finitif «frapper,» ou au participe «frappant,» quelquefois même au
passif sans modification *apparente*. Je souligne le dernier mot, parce
que l'analogie des formes sémitiques engage à penser que des modifications intérieures pourraient exister pour le passif dans la prononciation et qu'elles sont voilées par l'orthographe égyptienne,
qui n'emploie que des voyelles vagues et qui les supprime presque
arbitrairement. Nous étudierons plus loin les emplois de la forme
abstraite du radical pour chaque temps du verbe.

TEMPS SIMPLE OU PRÉSENT-AORISTE.

262. Lorsque le radical s'adjoint les affixes pronominaux, cette
union produit une conjugaison suffisamment déterminée quant à
l'attribution personnelle de l'action, mais où la distinction des temps
reste encore confuse. Le temps simple est un véritable aoriste qui,
selon l'occurrence, se prête au présent, au passé et même au futur,
ainsi qu'au participe présent et à l'impératif. Il est, sous ce rapport, tout à fait comparable au verbe hébraïque. Les nuances de
temps sont souvent obtenues par le moyen de verbes auxiliaires et
de particules, dont le jeu varié compose un ensemble assez com-
pliqué[1]; mais, plus souvent encore, elles ne sont déterminées réellement que par la série des idées exposées. Voici le paradigme du
temps simple pour le verbe ⟨hiéroglyphe⟩ *ári* «faire,» qui est lui-même un
des verbes auxiliaires les plus usités[2].

1ʳᵉ pers. ⟨hiéroglyphes⟩ *ári-á, á, u* «je fais» (je faisais, je fis, j'ai fait,
je ferai).

1ʳᵉ pers. ⟨hiéroglyphes⟩ *ári-ku-á*, la même, forme emphatique, «je fais.»

---

[1] Il est probable que la série des temps
composés se sera successivement augmentée pendant les siècles nombreux où
la langue égyptienne a été usitée.

[2] Comparez Champollion, *Grammaire*,
n° 276 et suiv. Voyez ci-dessus, n° 169
et numéros suiv. pour les affixes.

2ᵉ pers. m.   *àri-k* « tu fais. »

f.   ,   , [1] *àri-t, t, t* (?) « tu fais. »

3ᵉ pers. m.   *àri-f* « il fait. »

f.   ,   (ou ——, ——) *àri-s, s(t)* « elle fait. »

Forme du pronom vague   *àri-tu* « on fait. »

PLURIEL COMMUN.

1ʳᵉ pers.   ,   *àri-nà, n* « nous faisons. »

2ᵉ pers.   ,   *àri-ten, ten* « vous faites. »

3ᵉ pers.   ,   *àri-sen, sen* « ils, elles font. »

Variante   *àri-un* « ils, elles font. »

Variante   *àri-u* « ils, elles font. »

Ce temps simple s'était bien conservé dans le démotique, mais on ne le trouve plus usité en copte; l'indétermination de la notion de temps est peut-être ce qui l'a fait tomber en désuétude; les temps du copte, ainsi que nous le verrons plus loin, correspondent tous à des formes obtenues en égyptien par l'emploi des auxiliaires[2].

REMARQUES SUR LES PERSONNES DU TEMPS SIMPLE.

263. A la première personne, le signe   est souvent rem-

---

[1] Dans le copte, le *t* s'est perdu : le féminin de la 2ᵉ personne est ε; peut-être cette prononciation est-elle ancienne et indiquée par la femme seule .

[2] L'assyrien a également offert ce sin-gulier phénomène d'un dialecte où la forme simple, ou *kal,* a presque disparu pour laisser tout le terrain aux formes dérivées.

placé dans les hiéroglyphes par l'image de la personne qui parle :
 femme, dieu, roi, etc. La voyelle *à* en est la variante
phonétique, mais on rencontre aussi pour la 1re personne la voyelle
u, surtout dans les textes très-anciens.

La 1re personne de la forme *kuà* est écrite indifféremment : *kuà*, *kuà*, *kuà*, *ku* et même
k simplement, ce qui peut être une cause de confusion avec
la 2e personne. La 1re personne de la forme *kuà* paraît avoir quelque
chose d'emphatique[1]. L'Osirien, parlant de sa nouvelle vie, dit au
Rituel funéraire :

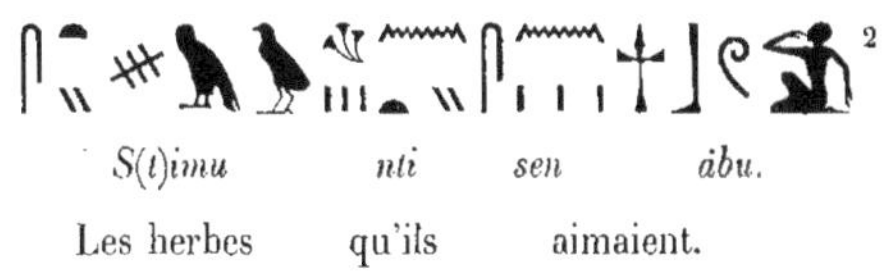

Mes-kuà   *mau-kuà*   *renpe-kuà*   *rā neb.*

Je nais, je me renouvelle, je rajeunis chaque jour.

La 2e personne, au masculin, est quelquefois écrite aussi
: c'est une véritable faute, qui est assez fréquente dans les manuscrits hiératiques. La 2e personne, au féminin, est devenue en copte
ⲉ ; le *t* final s'est oblitéré. On trouve dans divers papyrus, dès la
XIXe dynastie, l'orthographe au lieu de , ce qui donnerait
à penser que la prononciation vulgaire permettait déjà cette suppression.

Il est à remarquer que la 3e personne n'a pas besoin de pronom
affixe quand le sujet est exprimé soit par un substantif, soit par
un pronom absolu, soit par les pronoms et , qui rem-
plissaient également le rôle de sujet ; exemple :

S(t)imu   *nti*   *sen*   *àbu.* [2]

Les herbes   qu'ils   aimaient.

---

[1] Voyez *Todtenbuch*, 87, 2. Voyez l'é-
tude de cette forme dans le *Mémoire*
sur *l'inscription d'Ahmès*, p. 61 et suiv.

[2] *Papyrus d'Orbiney*, p. XXI, 1. Dans

Ainsi que nous l'expliquerons plus loin, le sujet a souvent alors, pour exposant spécial, la particule 𓈖 *àn*, qui désigne l'agent; exemple : *ṭaṭ àn Taḥut* «Thot dit ; » *Un àn suten* «Le roi fut. »

La 3ᵉ personne, au féminin, s'écrit par toutes les variantes —, 𓏏, 𓏏 ou *set* et même *sset;* il n'est pas vraisemblable qu'elles représentent des formes réellement distinctes; le *t* et le double *s* peuvent y être explétifs.

On peut observer quelques cas où l'affixe-sujet de la 3ᵉ personne est relié au radical par un *t* euphonique, qu'on trouve vocalisé par *i, sic :* ou *-tif* ou *-teſi.* L'inscription d'Antef, au musée du Louvre (ch. xxvi, l. 3), montre cette variété de l'affixe d'abord isolée : *em šuṭ-teſi tuṭu* «prononçant des paroles, » et un peu plus loin, jointe à l'affixe-régime *se(t) :* *em soṭem-teſi-s(t)* «écoutant cela [1]. »

Au pluriel, on retranchait souvent le signe de la pluralité 𓏥, on lit alors et pour et . A la 3ᵉ personne, l'affixe s'écrit de toutes les façons suivantes : *sen,* *sen,* *sen,* *sen,* *se(t),* *se(t).* Nous doutons fort que les deux dernières représentent une forme spéciale; le peut y être explétif ou marque d'abréviation pour la suppression de la nasale [2]. La forme *àri-un* [3], moins usitée, s'est rencontrée surtout

---

cet exemple, le *t* de *stimu* «herbe» est de ceux que j'ai signalés comme étant peut-être tout à fait explétifs. En effet, le signe est syllabique pour *sm.*

[1] M. Brusgsch cite dans sa *Grammaire,* p. 108, un exemple pour le pluriel 𓏤 *s-ua-ti-sen* «ceux qui passent; » mais le cas me paraît rester douteux, parce que certains verbes prennent, après leur déterminatif, une finale *ti,* qui semble fortifier le sens et peut même varier avec le redoublement.

[2] Voyez le n° 44 sur la suppression de la nasale dans l'écriture.

[3] Ce pronom *un* est plus souvent affixe-régime, mais il pouvait aussi être affixe-sujet; exemple (*Papyrus Abbot,* IV, 13; comparez Chabas, *ibid.*) : après les mots, «vinrent l'officier royal *Nassu àmen,* basilicogrammate et le chef de la ville, *Psar :*

Kam-un āà en(ket-u-)user χopeš.

«Ils trouvèrent le chef des ouvriers *User χopeš.* »

dans les papyrus judiciaires; et la dernière ⟨hiéroglyphes⟩ *ari-u* est plus récente; elle est quelquefois même réduite au seul signe du pluriel, ⟨hiéroglyphes⟩ pour *ari-u*.

264. La forme avec le sujet indéterminé ⟨hiéroglyphes⟩ *ari-tu* « on fait, on fit, etc. » ne diffère pas du participe passif (*factum est* pour *fecerunt*); mais comme cette finale *tu* s'adapte dans le même sens très-régulièrement aux pronoms absolus, il nous a paru plus pratique de l'ajouter au paradigme. Ainsi on aura avec le pronom de la forme ⟨hiéroglyphes⟩ *emtu* : ⟨hiéroglyphes⟩ *emtuf ari* « il fait, etc. » et ⟨hiéroglyphes⟩ *emtu-tu ari* « on fait, on fit, on fera. » Dans cet emploi, la finale *tu* est évidemment caractéristique du pronom vague.

Le décret de Canopus en offre une quantité d'exemples pour le futur : ⟨hiéroglyphes⟩ *em-tutu ari χā āa* « on fera une grande fête » (l. 17; comparez l. 22, 28, 29) [1]. Dans la phrase suivante, le rédacteur se sert de cette forme au présent (l. 18) :

Mtu-tu   ari-f em renpe-t IX (Payni) hau uā.

On la fait dans l'an IX, en Payni, le jour premier.

Ἄγεται δὲ νῦν ἐν τῷ ἐνάτῳ ἔτει νουμηνίᾳ τοῦ Παυνὶ μηνός [2].

Dans les basses époques, on lit souvent ⟨hiéroglyphes⟩ *mutut* à la place de *mtutu*, mais il ne paraît pas y avoir de différence entre ces deux mots, le ⟨hiéroglyphes⟩ *tu* final étant simplement changé en ⟨hiéroglyphes⟩ ou ⟨hiéroglyphe⟩ dans la plupart de ces mêmes textes.

265. Dans la conjugaison, l'affixe de la forme simple est quel-

---

[1] Ce dernier exemple prouve clairement que le pronom *emtutu* n'indique ni l'optatif ni le subjonctif; pour le rôle général de *tu* exprimant le pronom vague, voyez le *Mémoire sur l'inscription d'Ahmès,* p. 173, où cette valeur a été d'abord expliquée.

[2] Voyez ci-dessus, n° 186.

quefois remplacé par les pronoms du type ⏣ *ruk*, ⏥ *ruf;* quoique ces variantes appartiennent plus ordinairement à l'impératif, où nous les retrouverons, elles étaient quelquefois employées au présent-aoriste; exemple :

Am-   ruk   em   ru-k.

Tu manges avec ta bouche.

266. Le temps simple ou présent-aoriste a pour corrélatif un aoriste avec tendance vers le passé, qui se distingue du premier par l'insertion de *n*, ᜠᜠ ou ⚙, avant les affixes; ce qui produit le paradigme suivant : signifiant : « je fais, je fis, j'ai fait, » et même « je ferai; tu fais, etc. »

Nous verrons que ces deux temps ainsi que le radical abstrait se prêtent, dans les phrases de tournure concise, à toutes les modifications nécessaires au discours.

267. Le participe présent possédait encore une forme spéciale résultant du *t* final, ⊂⊃ ou 〗, plus rarement ▬ : *àri-t* « faisant. » Le féminin prend ordinairement la finale 〗〗 *tà*.

268. Nous avons déjà indiqué la voix causative caractérisée par l'addition de 〗 *s* initial (voyez n° 260); elle se conjugue comme la voix simple : *se-ḥā* « dresser, » *se-ḥā-à* « je dresse, » *se-ḥā-nà* « j'ai dressé, etc. »

269. La voix passive est très-fréquente : tantôt le radical s'y présente sans modification apparente, mais on pouvait, dans le

<hr>

[1] *Ša-em sinsin* « Livre des souffles, » § 3, manuscrit du Louvre, très-correct; en variante de *àm-k em ru-k*, texte des autres manuscrits.

discours, reconnaître le passif à un changement de prononciation, qui ne laisse pas de traces dans l'écriture; tantôt on employait la forme spéciale du participe passif, qui résultait de l'addition de la finale *tu* ou *ut*, écrite ⟨hiéroglyphes⟩, ⟨hiéroglyphe⟩, ⟨hiéroglyphe⟩ et ⟨hiéroglyphes⟩[1]. ⟨hiéroglyphes⟩ *àri-tu* « fait. »

En ajoutant les affixes personnels, on obtenait les deux aoristes passifs ⟨hiéroglyphes⟩, ⟨hiéroglyphes⟩ *àri-tu-à* et *àri-tu-nà*, etc. « je suis fait » (*factus ego* pour *fio*).

270. Nous reviendrons sur l'emploi de tous ces temps, que nous avons simplement groupés ici pour compléter ce qu'on peut appeler la conjugaison du verbe égyptien à un point de vue strictement grammatical; on peut la résumer dans la liste suivante :

ACTIF OU NEUTRE.

N° 1. Thème abstrait ⟨hiéroglyphes⟩ *àri*, infinitif, participe présent, présent-aoriste, 3° personne et impératif.

N° 2. Présent-aoriste ⟨hiéroglyphes⟩ *àri-à*, présent, passé, futur, participe et impératif.

N° 3. Prétérit-aoriste ⟨hiéroglyphes⟩ *àri-nà*, présent, passé, futur.

N° 4. Partic. actif m. ⟨hiéroglyphes⟩ *àri-t* « faisant. »

f. ⟨hiéroglyphes⟩ *àri-ta.*

PASSIF.

N° 5. Participe ⟨hiéroglyphes⟩ *àri-tu* « fait. »

N° 6. 1ᵉʳ aoriste ⟨hiéroglyphes⟩ *àri-tu-à* « je suis fait, etc. »

N° 7. 2ᵉ aoriste ⟨hiéroglyphes⟩ *àri-tu-nà* « j'ai été fait, etc. »

[1] Le vague des voyelles occasionne quelques cas de confusion entre les finales des deux participes actif et passif : ⟨hiéroglyphe⟩; ⟨hiéroglyphe⟩ *t* et ⟨hiéroglyphe⟩, ⟨hiéroglyphe⟩ *tu, ut.*

CAUSATIF.

N° 8.   Temps simple   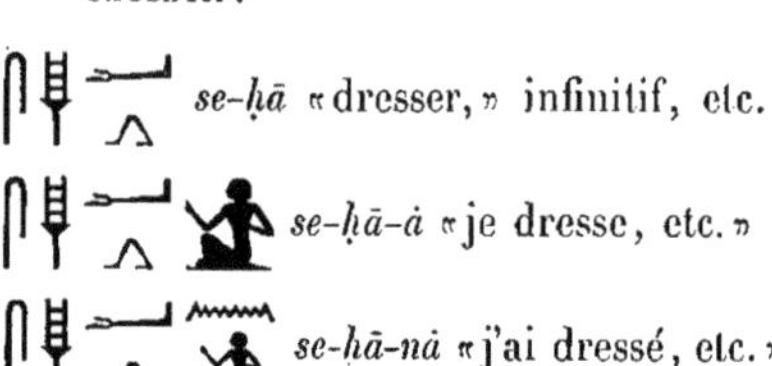   *se-ḥā* « dresser, » infinitif, etc.

N° 9.   1ᵉʳ aoriste   *se-ḥā-à* « je dresse, etc. »

N° 10.   2ᵉ aoriste   *se-ḥā-nà* « j'ai dressé, etc. »

N° 11.   Participe   *se-ḥā-t* « dressant [1]. »

Nota. Les formes du passif sont aussi usitées pour ce causatif.

DU SUJET ET DES COMPLÉMENTS DU VERBE.

271. Il est nécessaire, pour l'intelligence des exemples de cette section, que nous nous arrêtions ici un instant sur les rapports du verbe avec ses sujets et ses compléments [2].

Le sujet-pronom peut être ou incorporé au verbe sous la forme d'affixe, comme le montre le paradigme ci-dessus exposé, ou représenté par un des types pronominaux absolus : *màkuà*, *emtuk*, *ementuf*, etc. (Voyez le n° 192 et les numéros précédents.) Sous cette forme, il précède toujours le verbe.

Le sujet-substantif est souvent dépourvu de toute sorte de marque de liaison. Il peut, suivant l'occurrence, être placé avant ou après le verbe. On doit seulement remarquer que lorsque le verbe précède, le substantif suffit pour marquer la 3ᵉ personne; mais, lorsque

[1] On pourrait encore joindre à ce paradigme l'impératif et le prétérit-aoriste, qui résultent de l'addition de ❘ à initial, mais comme on y distingue clairement l'emploi d'un auxiliaire, au moins à l'origine, nous les avons relégués dans les temps composés. (Voyez ci-après, n°ˢ 305 et 317.)

[2] En observant trop rigoureusement la division des règles grammaticales, on s'exposerait à l'inconvénient grave d'alléguer des exemples dont le sens ne paraîtrait pas démontré aux personnes qui commencent leurs études hiéroglyphiques. Nous avons, en conséquence, réparti dans toute la grammaire les règles les plus usuelles de la syntaxe.

le verbe suit le substantif, on ajoute quelquefois l'affixe de la 3e personne, variant suivant le genre du sujet. Ainsi que nous l'avons déjà fait pressentir (n° 192), le sujet pouvait aussi recevoir un exposant spécial dans la particule ⦗ *àn*, écrite quelquefois ⦗ [1], et qui s'abrége en ⌇ *n* simple. Cette particule a pour rôle tout à fait particulier de désigner l'*agent*. Le sujet affecté de *àn* se plaçait tantôt avant et tantôt après le verbe; il pouvait également être redoublé par l'affixe de la 3e personne, ce qui produit diverses nuances dans le discours [2]. La comparaison de deux exemples tirés du décret de.Canopus sera ici très-instructive : ligne 13, après le considérant relatif aux bienfaits résultant de la naissance du roi, le texte introduit ainsi le dispositif, qui va faire entrer une certaine portion des prêtres dans la cinquième tribu, créée en l'honneur des dieux Évergète :

ṭa-ut uab-u bes   suten   àu   ma-u   šā   en renpe-t ua-t en ḥon-f.

Mot à mot : Être placés (pour «qu'on place») les prêtres (que) a installés le roi dans les temples, depuis l'an Ier de Sa Majesté, etc. (dans cette tribu [3]).

Il y a ici une double ellipse : celle du relatif *nti* qui est très-fréquente, et celle du pronom-régime de la 3e personne qui est plus rare. Le substantif, qu'il rappellerait, *uab-u,* est ici assez près du verbe pour autoriser cette ellipse.

Dans le second exemple, au contraire, ces deux ellipses dispa-

---

[1] Cette orthographe, très-usitée du temps des Toutmès, avait fait prendre à tort la particule *àn* pour un verbe par quelques savants.

[2] C'est à tort qu'on a apprécié et traduit ordinairement cette forme par le passif; la terminaison passive ⦗ *tu, ut,* est au contraire une exception très-rare, avec un sujet affecté de ⌇ *àn.*

[3] Le texte grec correspondant suit fidèlement la même tournure : εἰς δὲ τὴν φυλὴν ταύτην καταλεχθῆναι τοὺς ἀπὸ τοῦ πρώτου ἔτους γεγενημένους ἱερεῖς, κ. τ. λ., sauf qu'il ne mentionne pas l'installation par l'autorité royale.

raissent (l. 34 et 35); il est question des vivres qu'on distribue aux mêmes prêtres, aux frais des temples :

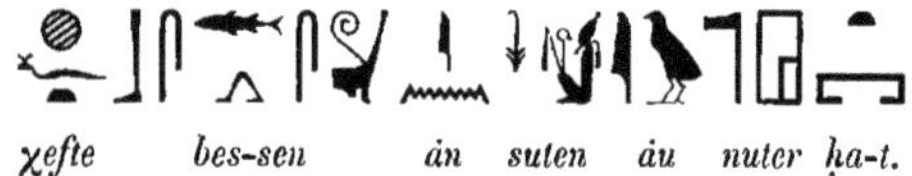

χefte   *bes-sen*   *àn*   *suten*   *àu*   *nuter*   *ḫa-t.*

Mot à mot : Lorsque a installé eux le roi dans le temple.

D'une part, le substantif (*uab-u*) est ici assez loin pour que le retranchement de l'affixe-régime *sen* eût présenté des inconvénients, et, d'autre part, *bes-sen suten* aurait donné lieu à une équivoque et aurait pu se comprendre : « ils ont installé le roi; » la particule *àn*[1] caractérisant l'agent devient ici très-utile.

Cette particule ❘ est si spécialement affectée à désigner l'agent, qu'elle suffit, avec un nom propre, pour exprimer qu'un tel parle ou va parler, en vertu de l'ellipse usuelle du verbe *tut.* Au chapitre Ier du *Rituel*, l'allocution mystérieuse prononcée par le dieu Thoth commence ainsi :

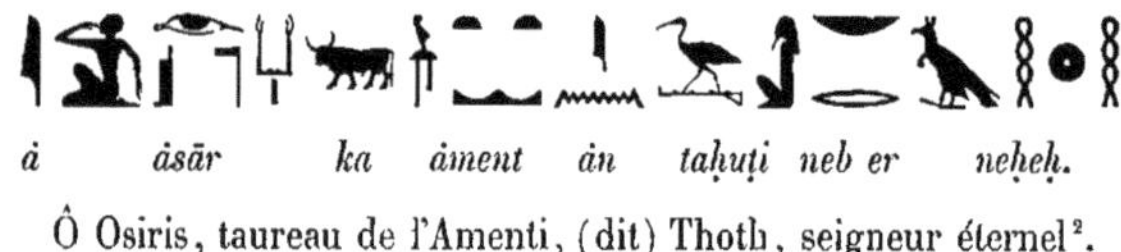

à   *àsār*   *ka*   *àment*   *àn*   *taḫuṭi neb er*   *neḥeḥ.*

Ô Osiris, taureau de l'Amenti, (dit) Thoth, seigneur éternel[2].

Le défunt ou le prêtre qui prononçait l'hymne était censé revêtir le personnage de Thoth pour cette fonction.

Nous avons fait observer déjà l'affixe ❘ *àn-f* comme sujet du verbe *un*, tandis que *àn* et *tu* prenaient dans les mêmes circonstances les affixes simples ❘, ⚊, ⚊, etc. L'usage seul réglait ces différences.

272. L'*n* de jonction a été étudié dans les affixes ⚊, ⚊,

---

[1] Cette amphibologie se rencontre parfois dans les textes quand la particule *àn* a été omise.

[2] A la place de l'interjection ❘ *à*, quelques manuscrits portent ❘ *ànet* (*net*) *ḫa-k* « hommage à toi! »

〜, etc., *nà, nek, nef,* etc. et nous avons constaté qu'ils n'entraînaient pas nécessairement le prétérit et laissaient au second aoriste l'indétermination du temps. Il en est de même quand l'*n* est attaché au substantif sujet; il se comporte alors comme un simple abrégé de ⌐ *àn :*

utu en   hon-f   àri   kat em   àbtu   en mer   àbtu.

Jussit rex fieri opus in Abydo ad irrigandum Abydum [1].

Divers temps composés admettent la même formule, ainsi qu'on le remarquera plus loin dans les exemples qui leur servent d'explication. Dans le monument cité plus haut, le roi [2] Toutmès III dit :

àu-uah en hon-à hotep nuter.

J'ai augmenté l'offrande sacrée.

273. Il n'était pas nécessaire que la phrase commençât par le verbe pour que les particules ⌐ , 〜, eussent leur emploi devant le sujet. Toutmès III s'exprime ainsi :

àste   àn-hon-à   stefa   heb-u   tep-ter-u   em χer-t renpe-t.

Voici que j'ai approvisionné les fêtes des commencements des saisons pour chaque année [3].

---

[1] Louvre. Statue de *Pefãanet.*

[2] *Denkm.* III, 3o, l. 16.

[3] Leps. *Denkm.* III, 3o. Inscription des fondations de Toutmès III à Karnak. *hon-à* «Ma Majesté,» c'est un type pronominal personnel au roi. La particule

àste amenait ordinairement le sujet devant le verbe, et la présence de *àn* n'était pas du tout nécessaire : *àste hon-f* est une locution très-usitée dans les récits.

Au *Récit des deux frères*, pendant qu'on coupait les deux perséas merveilleux, le texte ajoute :

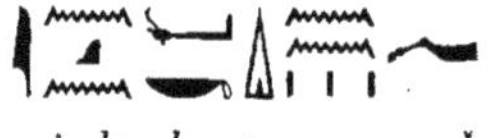

en per-āa ā. t. s. her ḥā.

Le Pharaon (vie, bonheur, santé) se tenait là.

On peut, dans ces phrases, supposer l'ellipse du verbe auxiliaire ⟶ *un;* mais dans les exemples suivants, la locution est complète et la particule *an* sert évidemment à mettre en relief le sujet placé en tête de la phrase, de manière à produire une locution emphatique. Les généraux de *Pianχi-Meriamen* lui adressent les éloges suivants[1] :

an ken-k ta en-na χopeš.

Ta valeur nous donne un glaive.

La nuance qu'on a voulu atteindre sera bien rendue par : « c'est ta valeur qui nous donne, etc. » et dans le même discours :

an ran-k ar-f en-na χopeš.

C'est ton nom qui fait pour nous un glaive[2]!

Outre les substantifs et les pronoms, le sujet peut être tout un membre de phrase; nous rencontrerons dans l'étude des temps complexes des exemples qui nous donneront l'occasion d'étudier ces

---

[1] Inscription de *Pianχi-Meriamen*, l. 14, 15. Le second exemple est précieux par le redoublement du sujet dans *ar-f,* ce qui démontre qu'il n'est pas possible de songer ici au passif.

[2] Tous ces exemples montrent qu'il est nécessaire de modifier la règle que M. Brugsch pose au n° 364 de sa grammaire hiéroglyphique; cet auteur prétend que le sujet avec ⟀ *an* se trouve à la fin de la proposition.

tournures, dont nous avons comparé le principe au اِنّ مُصْدَرِيّة de la langue arabe [1].

274. Le complément direct du verbe ne donne lieu à aucune remarque quand il s'agit d'un substantif. Nous avons déjà exposé, à la section des affixes pronominaux, les principales règles de leur emploi [2] comme compléments directs ou indirects; il nous suffira d'ajouter ici quelques remarques sur le choix et le jeu des affixes, compléments des verbes.

Nous avons dit que l'affixe de la 1re personne prenait souvent la voyelle ▲ *u* comme liaison, ce qui peut éviter des équivoques; la phrase suivante en montre un exemple intéressant [3]; c'est le roi *Mer-en-ptah* qui parle :

meri-uá   *ret-u*   *má*   *meri-á-se-(t).*

Les hommes m'aiment comme je les aime.

On trouve également dans le discours de Séti Ier à Abydos (l. 44) :

s-áa   –   *nuá*   *neb er-ter*   *tesef.*

Le Seigneur universel lui-même m'a agrandi.

Ces deux exemples suffisent pour montrer la place relative de l'affixe-régime et du sujet-substantif; en pareil cas, la qualité d'affixe l'emporte et l'affixe personnel, quoique régime, précède toujours le substantif. Il en est ainsi, à plus forte raison, quand l'affixe est le sujet. L'affixe-régime indirect précède aussi le substantif-sujet;

---

[1] Voyez ci-après, n° 288, la phrase : *un χer-á her šes áti* «de servir le roi était mon devoir.»

[2] Voyez le n° 192.

[3] Inscription de *Mer-en-ptah.* (Voyez Duemichen, *Monum. hist.* IV, 71.)

en vertu du même principe, on dira : ▨ *ta nef suten* « le roi a donné à lui. » Très-souvent alors on prend la formule du second aoriste : ▨ *ta-en nef suten* « le roi lui a donné. »

La réunion de l'affixe-sujet de la 2ᵉ personne ▨ *k* avec l'affixe-régime ▨ *uà* compose un affixe-complexe ▨ *kuà*, qui pourrait quelquefois être confondu avec la 1ʳᵉ personne : ▨ ▨ *hu-kuà* « tu m'as frappé » et ▨ *rek-kuà* « je sais » ont la même forme apparente.

L'amphibologie pourrait donc avoir lieu dans la rencontre de ces deux affixes : ainsi ▨ *sotem-ek-uà* pourrait signifier, suivant les cas, « tu m'as entendu » et « j'ai entendu. » C'est sans doute pour parer à toute équivoque qu'on employait parfois un pronom plus développé pour le régime. *Bata* dit à son frère, dans ses reproches [1] :

àu   àn   sotem-ek   ru-à   her   tut.

Et tu ne m'as pas entendu en paroles.

275. Quant à la formule ▨ *kuà*, elle était aussi applicable au régime indirect, pour la 1ʳᵉ personne [2], après la 2ᵉ personne-sujet; *Bata* dit à son frère aîné : « Je vais me changer en un taureau sacré, etc. [3] »

emtuk   hemse-   kuà   her   peset.

Mot à mot : Toi, tu t'assiéras à moi sur le dos.

276. On remarque dans les textes soignés qu'on évitait, en gé-

[1] *Pap. d'Orbiney*, VII, 4.
[2] C'est le cas de notre pronom « me. »
[3] *Pap. d'Orbiney*, XIV, 6. Le déterminatif est fautif; il faudrait régulièrement ▨ à la place de ▨.

néral, de placer immédiatement en contact deux affixes personnels, l'un sujet, l'autre régime, sauf les pronoms-régimes ⧼ et ⧽, qui étaient d'une nature particulière. Parfois on se servait pour le sujet d'un pronom absolu [1] :

entuk   à-àta-   un.

« Tu les as amenés » à la place de *àta-k-un.*

emtuf her   àtai-u.

« Il les amenait » à la place de *àtai-f-u* [2].

Le régime, de son côté, pouvait emprunter un des types pronominaux, tels que ▱ *ṭot-f,* ▱ *ru-f,* ▱ *ḥa-f,* etc. [3]

C'est la méthode qui a prévalu dans le copte, où tous les pronoms-régimes sont accolés à l'un de ces supports.

277. L'affixe-régime est aussi souvent augmenté d'un support *tu,* qui provient manifestement de l'auxiliaire ▱, ▱, ▱, etc. mais qui n'a plus dans ·cette position qu'une valeur euphonique : ▱ *šep-nef-tuà* « accepit me. » On comprend avec quelle facilité la voyelle finale a pu tomber, en sorte que le ⲧ copte, affixe-régime de la 1re personne, est resté seul. ⲥϥⲙⲁⲛⲧ « accepit me » répondrait pour la finale à ▱ *àu-f šep-tuà.*

Avec les autres personnes, la formule ▱ *tu-k,* ▱ *tuf,* etc. donne de même la clef des affixes ⲧⲕ, ⲧϥ, qui ne subsistent plus

[1] Duemichen, *Monum. hist.* IV, 43. Inscription de *Merenptah.* (Pour l'à initial, voyez ci-après, n° 305.)

[2] *Pap. d'Orbiney,* II, 1.

[3] Voyez ci-dessus, n° 182. Les Arabes usent d'un artifice analogue lorsqu'ils donnent un support à l'affixe-régime.

dans le copte que pour certains verbes[1]. ⲈϤϤⲓⲦⲔ «portat te,» ⲈϤⲘⲈⲢⲓⲦⲔ «amat te,» est égal à *àuf-meri-tu-k.* Dans la langue antique, *tuà, tuk, tuf* s'emploient surtout après un affixe-sujet et comme séparation euphonique; exemples[2] :

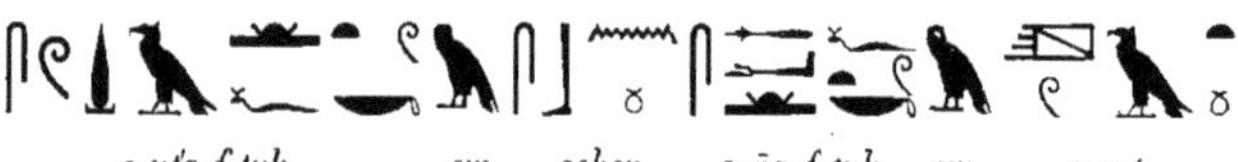

s-ut́a-f-tuk   em   seben   s-āa-f-tuk   em   sau-t.

Sanat te in vitta (*seben*), magnificat te in veste (*saut*).

sàn-ti-k   reme-s-tuk   em   Tatu.[3]

Ta sœur te pleure dans la ville de Tatu.

Cet affixe se plaçait quelquefois aussi immédiatement après le radical dans un temps composé :

au-ten   kam-tuf   ut́a.

Vous trouvez lui sain (intact).

C'est alors exactement la forme *au-f-meri-tu-k,* que nous avons comparée au copte ⲈϤⲘⲈⲢⲓⲦⲔ.

278. Dans le style des papyrus, le pronom ▮ *u* était très-usité pour l'affixe-régime de la 3ᵉ personne pluriel; mais il est quelquefois réduit à la marque du pluriel ▮. La variété du pronom *un,* que nous avons reconnu comme sujet, servait plus souvent d'affixe-régime; dans le récit de la victoire de *Mer-en-phtah,* il est

<hr>

[1] Cf. Peyron, *Grammaire copte,* 153, 154.

[2] *Pap. Boulaq,* VII, 4. Formules pour les cérémonies de l'embaumement. *Se-*ben et *saut* sont les noms des deux parties des linges sacrés. — [3] *Pap. Boulaq,* XIII, 5. Allocution à Osiris. — [4] *Pap. Abbott,* IV, 2. Cf. Chabas.

dit du chef des *Rebu* : « C'est un misérable, exécré de ses propres soldats [1]. »

ntuk   *â-âta-un*   *er ta sma.*

Tu les as fait venir pour le faire tuer (par eux ?).

279. Nous avons déjà constaté la nature particulière des pronoms ⏷ *su* et ⏷ *sen*, qui permettait de les employer soit comme affixes, soit comme pronoms absolus (n° 174). ⏷ *su*, quand il est sujet, doit précéder le verbe; comme régime, au contraire, il est placé à la suite. D'après cet usage constant, il y a une nuance à distinguer dans l'analyse des deux phrases suivantes, appliquées au soleil dans l'hymne d'une stèle du musée de Berlin.

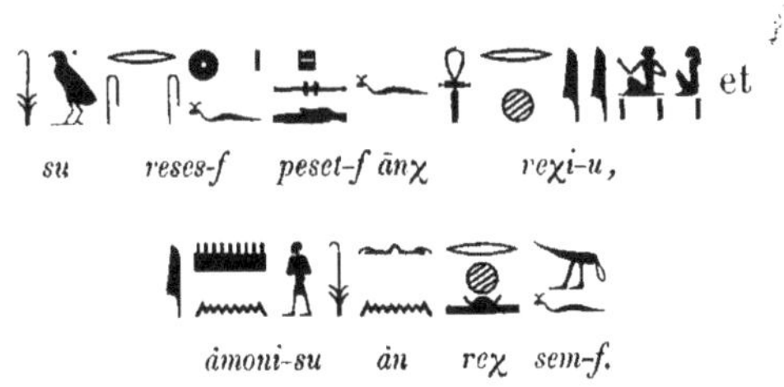

su   *reses-f*   *peset-f ânχ*   *reχi-u,*

âmoni-su   *ân*   *reχ*   *sem-f.*

Lorsqu'il s'éveille, il donne dans ses rayons la vie aux hommes; et, lorsqu'il se cache, on ne connaît pas sa voie [2].

Su est ici construit avec un participe dans le sens de l'ablatif absolu du latin; dans le second verset, le mot à mot est « cachant soi. »

280. On a remarqué que le pluriel ⏷, dans son rôle de

---

[1] Voyez Duemichen, *Rec. des Mon.* IV, 43.

[2] Essai sur la stèle n° 1353 de la collection Passalacqua, Berlin, 1849. ⏷

sem signifie aussi « le naos » ou « la châsse » du dieu : c'est peut-être la retraite inconnue du soleil pendant la nuit que l'auteur a voulu désigner ici.

sujet, prend souvent la variante ⌐; l'orthographe ordinaire
n'est cependant pas exclue de cette valeur; on lit, par exemple,
dans le *Papyrus d'Orbiney* (II, 1) :

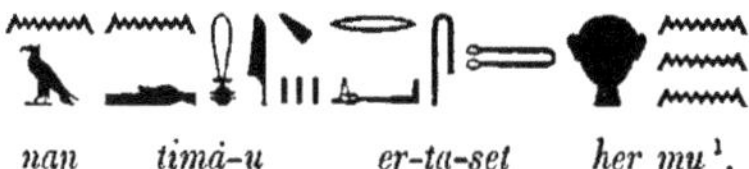

se(ti)mu   nti   sen-âbu.

Les herbes qu'ils aimaient.

Une exception beaucoup plus rare pour ce pronom pluriel est
la forme ⌐ *set*, qu'on lit cependant dans des textes excellents.
En voici un exemple tiré des annales de *Toutmès III* :

nan   *ţimâ-u*   er-ţa-set   her mu[1].

Les villes placées sur la mer (pour : les villes de la côte).

Cette variété ne peut être considérée comme un pluriel féminin,
car ⌐ *ţima* « ville » est masculin. C'est un nouveau cas de
cette addition d'un *t* euphonique, que nous avons déjà observée à
diverses reprises.

281. Je rencontre dans un texte fort correct la forme excep-
tionnelle ⌐ *ensu* pour l'accusatif du pronom *su*. Il est question du retour à Thèbes de *Toutmès III* victorieux[2] :

šep-nsu   ţamu   na uas-t her neham.

Les générations de Thèbes le reçoivent dans l'allégresse.

<hr>

[1] Lepsius, *Denkmäler*, III, 32, l. 27. — [2] Brugsch, *Monuments*, XXII, 7.

DU VERBE RÉFLÉCHI.

282. Le pronom *su* avait encore un rôle prédominant dans le verbe réfléchi; mais il pouvait y être remplacé par le pronom *tes; tes-à* «moi-même,» *tes-ek* «toi-même, etc.»; quelquefois aussi le sens réfléchi est encore fortifié par la jonction des deux pronoms. Le papyrus Harris nous fournit ici deux excellents exemples; il s'agit de l'essence du dieu créateur[1] :

šeta-su   er-ret   nuteru.

Abscondens se hominibus (et) diis.

figure seul à son tour dans la célèbre formule *χeper tes-f*, que M. Birch a si habilement traduite le dieu «existant par lui-même.» La légende des hymnes du soleil et celle du papyrus Harris, qui développent la même idée par la génération éternelle que produit l'acte divin, se servent de la combinaison *su-tesf*[2].

nuter,   nuter,   utet-su   tes-f.

Dieu devenant dieu (en) s'engendrant lui-même[3].

La variante du second *nuter* dans cette légende est *nuteri*, forme incontestable du participe[4].

---

[1] *Pap. Harris*, III, l. 3 et l. 1. Hymne adressé à Amon par le roi Ramsès III.

[2] Dans l'hymne du musée de Berlin, cité ci-dessus, n°279. Le soleil est qualifié ainsi : *hun nuteri mes-su tes-f ra neb.* «Enfant divin qui se donne la naissance à lui-même chaque jour.»

[3] Il ne faut pas perdre de vue que *su tes-f* peut aussi être sujet d'un verbe, il signifie simplement alors «lui-même». Voyez l'inscr. de Piankhi, l. 104 : *su tes-f ḥa uer em uā* «lui-même se tint debout, le prince seul» (en face du dieu).

[4] On ne sait pas au juste le sens du

Le participe du verbe réfléchi était fort usité, en voici une autre formule :

χasi-ui-su   ḥati-ten.

Le cœur vous a manqué. Mot à mot : Avili soi, votre cœur [1].

C'est le reproche que Ramsès II adresse à ses soldats après son abandon; le participe a pris ici la finale *ui*.

Au parfait-aoriste, la formule du réfléchi devient *nef-su*; exemple : *er-t-ā-nef su her χa-t-f em-t'et*, etc. « il se mit sur le ventre en disant, etc. » pour « il se prosterna » devant le dieu [2].

283. La combinaison des affixes *-k-su* semble, au premier abord, renfermer nécessairement la 2ᵉ personne du singulier avec l'affixe-régime *su*, et tel est souvent le véritable sens; cependant je suis porté à croire que cette formule caractérise quelquefois la 2ᵉ personne du verbe réfléchi, et je signale à l'attention des phrases assez nombreuses construites sur le modèle des suivantes :

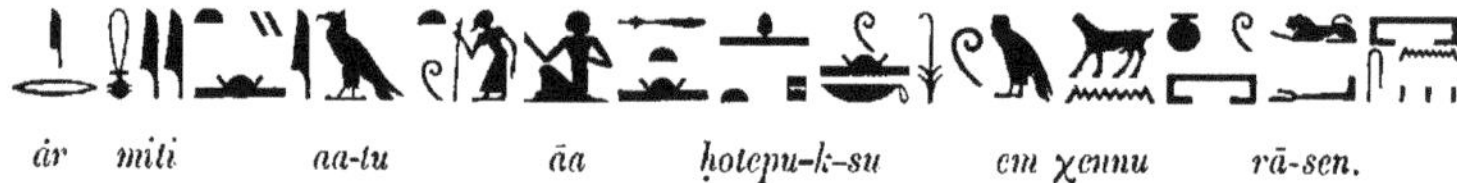

ár   miti   aa-tu   āa   hotepu-k-su   em χennu   rā-sen.

Si fiat sic, senex longævus requiesces (te) in sepulchris eorum [3].

C'est la sanction que le scribe *Ani* donne à ses préceptes.

verbe *nuter*, qui forme le radical du mot *nuter* « dieu. » C'est une idée analogue à « devenir » ou « se renouveler, » car *nuteri* est appliquée à l'âme ressuscitée qui revêt sa forme immortelle.

[1] *Pentaour*, texte de Karnak, l. 39. Le participe remplace, dans une allocution, la seconde personne de l'aoriste et même l'impératif. (Voyez ci-après, n° 339.)

[2] Stèle du prince de Bakhtan, l. 17.

[3] *Pap. Boulaq*, XVII, 16.

La phrase suivante ne paraît également s'expliquer naturellement que par la 2ᵉ personne du réfléchi [1] :

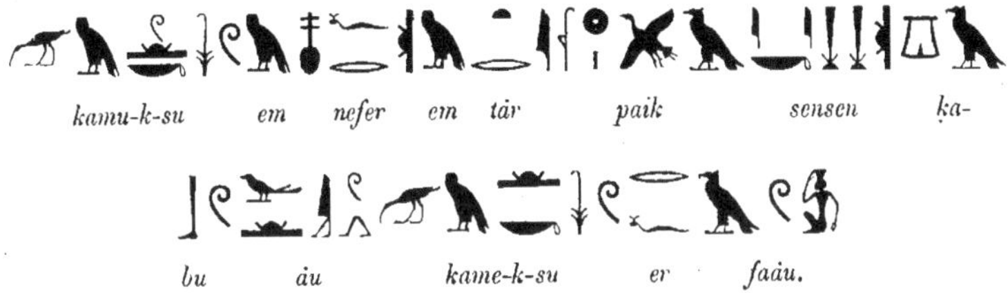

kamu-k-su   *em*   *nefer*   *em*   *tàr*   *paik*   *sensen*   *ka-*

bu   *àu*   *kame-k-su*   *er*   *faàu.*

Si tu t'es trouvé bon au temps de ta prospérité, le malheur venant, tu te trouveras
(bon) pour le supporter.

àm-ek   *ak-u*   *em*   *àstu*   *àu*   *kamu-k-su*   *em*   *tesàu-*

tu   *em–bahu*   *kenken.*

N'entre pas dans une réunion (quand) tu te trouves disposé à une querelle [2].

Les combinaisons assez nombreuses qu'il nous reste à exposer
sont toutes obtenues à l'aide de verbes auxiliaires et de particules :
ce sont de petites locutions complexes dont on doit logiquement
classer les règles dans la syntaxe; mais, d'une part, leurs dériva-
tions sont parvenues, dans le copte, à une agglutination plus parfaite et elles y ont formé divers temps de la conjugaison; et, d'autre
part, il nous a semblé que la méthode la plus pratique consisterait
à réunir l'étude des diverses formes simples et composées, dans
leurs applications, sous la rubrique des temps auxquels elles sont
le plus habituellement affectées.

---

[1] *Pap. Boulaq*, XXI, 1. Remarquez *sensen* «res secundæ» opposé à *kabu*, «l'état
de malheur ou de faiblesse.»

[2] *Pap. Boulaq*, XXI, 16. Dans *em-tesau*
la particule indique l'état.

284. ▪ *Pu* « être, en copte ⲡⲉ[1]. Dans la langue antique, ce verbe est ordinairement écrit ▪ ou *pu* : sous cette forme, il est invariable, et lorsqu'il est isolé, il sert particulièrement à caractériser une explication. Par exemple, au chapitre xviii du Rituel[2], il est question de nommer les dieux d'Héliopolis (*ānu*); le texte dit :

Tum   *pu*   *śu*   *pu*   *tefnut*   *pu.*

C'est *Tum*, c'est *Su*, c'est *Tefnu*.

En pareil cas, *pu* se met toujours après le mot expliqué.

La leçon   *pa* est beaucoup plus rare. Dans le récit des deux frères, *Anpu* cherchant le cœur de *Bata* trouve enfin un fruit qu'il retourne :

ās   *ḥati*   *en*   *paif*   *sen*   *šerāu*   *pa-(t).*

Voilà (que) le cœur de son frère cadet était (là)[3].

Le verbe ▪ *pu* est usité dans plusieurs combinaisons verbales : on trouve, dans quelques cas, la forme secondaire *pui;* elle est susceptible de se combiner avec les affixes personnels : la variante   *pa* se confond avec l'article ordinaire ou le possessif *paia, paik, paif;* nous le retrouverons sous cette forme à l'article du

---

[1] Voyez Champollion, *Grammaire,* n° 243.

[2] Voyez *Todtenbuch,* xviii, 4. Comparez le décret de Canopus, l. 14 :

uābu pu un χer-ḥā-t-sen er-men renpe-t uā-t

τοὺς δὲ προυπάρχοντας ἱερεῖς ἕως τοῦ πρώτου ἔτους, etc.

[3] *Pap. d'Orbiney,* XIII, 8. Dans les bas-temps le verbe *pu* s'écrit souvent : .

nom verbal. Dans le copte, ce verbe n'est pas resté invariable; suivant une partie des modifications de l'article, ⲡⲉ est devenu au féminin ⲧⲉ et au pluriel ⲛⲉ. Le démotique admettait déjà ces modifications[1]; notre verbe y revêt les formes *pu, tu, nu;* rien de semblable n'a encore été observé dans la langue des monuments hiéroglyphiques.

285. Le verbe ⌐ *àr,* quelquefois abrégé en ⌐ *r,* correspond au copte ⲉⲣⲉ « être[2]. » Il était également très-peu flexible. Son rôle habituel consiste à commencer l'énonciation d'un fait; quand il s'agit d'une chose à expliquer, il a pour corrélatif le verbe *pu;* ainsi, dans l'exemple cité plus haut[3], voici quel était le premier membre de la phrase :

àr   tata(nt)-su   āa-t   àm-u ànu.

Sont les chefs grands habitant Héliopolis.

Et le texte continue : *Tum pu, Šu pu, Tefnu pu* « c'est *Tum,* c'est *Šu,* c'est *Tefnu.* » Ici *àr* sert à introduire, ce dont *pu* affirme l'explication.

Comme initial d'un récit, ⌐ *àr* se combine parfois avec la particule relative ⌐ *àr nti* « il est que, » ou avec l'orthographe abrégée ⌐[4]. ⌐ *àr* ainsi employé est habituellement invariable; on en remarque une seule forme dérivée, sorte de participe pluriel, ⌐ *aru* « (les choses qui) sont; » quelquefois il se place à la fin du membre de phrase. *Ahmès,* chef des nautonniers,

---

[1] Voyez Brugsch, *Gramm. dém.* p. 125.

[2] Voyez Champollion, *Gramm.* n° 246.

[3] *Todtenbuch,* ch. xviii, 4.

[4] Cette formule initiale est quelquefois simplement énonciative, mais souvent aussi elle lie le premier terme avec un conséquent; nous verrons plus loin que, dans les décrets de Rosette et de Canopus, elle caractérise les *considérants.*

rappelant les dons qu'il a reçus du roi en récompense de sa valeur, parle ainsi des esclaves qui lui ont été attribués :

hon-u   hon-t-u   er mati àr-u.

Mot à mot : Des esclaves et des servantes de même sont.

Les soldats de Toutmès III, après la bataille de Mageddo, sont représentés par le texte comme occupés à relever le butin :

her   àp   χetu   àru.

A compter les choses étant (là).

Àru, au milieu d'un membre de phrase, implique ordinairement l'ellipse du relatif (⁓ *nti*) :

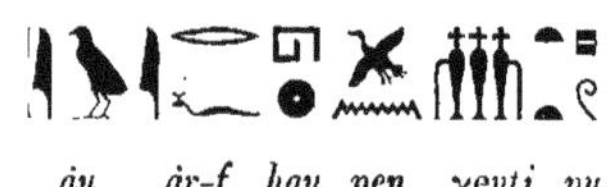

ţa nef   set-f   uer-t   ha   àru   her   suaš   hon-f.

Il plaça sa fille aînée en tête (de ceux qui) étaient pour invoquer Sa Majesté.

On rencontre aussi, mais très-rarement, la 3ᵉ personne du singulier ⨍ *àref;* exemple :

àu   àr-f   hau pen   χenti   pu.

Mot à mot : Et il est ce jour le commencement est. (C'est-à-dire : Et ce jour a été le commencement.)

---

[1] *Inscr. d'Ahmès,* l. 3. — [2] *Denkm.* III, 32, l. 17. — [3] Stèle du prince de Bakhtan, l. 5.

Le verbe *àr* se retrouvera dans divers temps composés. Il se distingue toujours de ⊜ *àri* « être, faire, » par son caractère d'invariabilité. Il s'abrége en ⊂⊃ *er*, surtout dans les composés.

286. ⌐ ou ⌐ *àu* « être » correspond au copte ⲱ, ⲟ, ⲟⲓ, de même signification [1]. Le démotique l'a conservé sous la forme *àu*. Comme verbe isolé, *àu* est souvent lié à la qualité qu'il affirme par la particule *m* ⌐ ou ⊂⊃, qui indique l'état [2]. ⌐ *àu-à em šerà* « j'étais (en) enfant, » dit Ahmès en parlant de ses débuts ;

àu àtef-à em uàu en suten.

Était mon père (en) capitaine du roi (*Rasekenen*) [3].

La trace de cette particule se trouve dans le copte ⲙⲙⲟ, qui lie le pronom-régime au verbe ⲟⲓ, après le relatif comme après les verbes d'autre nature.

Ce verbe *àu* est répété avec une grande abondance ; placé entre deux membres de phrase, il n'a souvent plus d'autre but que de les relier, et c'est ainsi qu'il passa petit à petit à l'état d'une véritable conjonction ; c'est sous cet état qu'on le retrouve dans le copte ⲁⲟⲩⲱ « et. » Une trace de sa nature verbale subsiste néanmoins, en ce sens que son emploi comme conjonction ne s'étendit pas jusqu'à relier deux substantifs consécutifs. Ainsi on disait : *Tahut henà Set*, mot à mot : « Thoth avec Set ; » mais on n'aurait pas écrit *Tahut àu Set*, pour dire « Thoth et Set [4]. »

---

[1] Voyez Champollion, *Gramm.* n° 245.

[2] Quelquefois ⌐ dans les époques récentes.

[3] Voyez *Mémoire sur l'inscription d'Ah-*

mès, l. 4 et 6 de l'inscription : texte p. 112, pour l'*m* d'état.

[4] ⌐ *àu* conjonctionnel rappelle plutôt la nuance de ‎ﻭ que celle du ‎ﻭ arabe.

A la différence de *pu* et de *àr*, *àu* était variable et présente le paradigme complet :

àu-à « je suis » (je fus, j'étais, etc.).

àu-k « tu es » (masc.).

àu-t « tu es » (fém.).

àu-f « il est. »

àu-s « elle est. »

àu-tu « on est. »

àu-na « nous sommes. »

au-ten « vous êtes. »

àu-sen « ils, elles sont. »

àu-u « ils, elles sont. »

Ce thème entre très-fréquemment dans les temps composés.

287. ⁓ ou ҏ est également, dans la langue antique, un des types du verbe « être. » Il sert aussi à former plusieurs temps composés. Dans son caractère de verbe isolé, il paraît remplacer exactement le verbe *àu*, qui précède. *tu-t uáb* est une variante usuelle de *àu-t uáb* « tu es pure » (2ᵉ personne du féminin). — Le dieu *Râ*, arrivant dans le combat au secours de

---

[1] *Sa em sinsin*, § I, var. des mss. du Louvre. Pour l'explication de l'auxiliaire *tu* se reporter au *Mémoire sur l'inscription d'Ahmès*, p. 6o, note.

Ramsès II, lui dit : [hiéroglyphes] *tu-à mâ Bâr* « Je suis comme
Bâr [1]. »

Le verbe *tu* possède, comme *au*, le paradigme personnel complet, y compris l'indéfini [hiéroglyphes] *tu-tu*, usité dans les temps composés : *tu-à* « je suis, » *tu-k* « tu es » (masc.), *tu-t* « tu es » (fém.),
tu-f « il est, » *tu-s* « elle est; » *tu-nà* « nous sommes, » *tu-ten* « vous
êtes, » *tu-sen* « ils sont. » L'indéfini *tu-tu* est plus souvent à l'état
isolé : *Batu* [2], changé en taureau, se fait conduire par son frère au
lieu où était la cour, [hiéroglyphes] *er pa nti tutu àm*
« au (lieu) où l'on était, » mot à mot : « que on était dans. »

288. [hiéroglyphes], ou sa variante graphique [hiéroglyphe] *un* correspond exactement au copte sah. ⲟⲩⲛ, m. ⲟⲩⲟⲛ « esse [3]. » Ce verbe est extrêmement usité soit isolément, soit en composition; il possède également tout le paradigme personnel : *un-à, un-k, un-t, un-f, un-s;
un-tu, un-na, un-ten, un-sen* et *un-u*. Il est aussi très-usité au second aoriste : *un-nà, un-nek, un-nef*, etc.

On doit observer que le sujet du verbe *un*, soit substantif, soit
pronominal, est très-souvent affecté de la particule [hiéroglyphe] *àn* : [hiéroglyphe]
[hiéroglyphes] *un àn hon-f* « fût Sa Majesté. » — Quand il affirme une
qualité, *un* prend souvent, comme le verbe *au*, la particule *m* pour
la liaison de son régime.

Parmi les usages spéciaux du verbe *un* isolé, il est utile de si-
gnaler le participe [4] [hiéroglyphe] *un* et [hiéroglyphes] *uni* « étant; » ce dernier devient au pluriel [hiéroglyphes] *uniu* « les êtres, tout ce qui existe. »
Ce participe peut, dans ce sens, remplacer le relatif *penti* « ce

---

[1] *Bâr* est une forme du dieu *Set* dans
ses fureurs; il a été comparé à בעל, بَعَل.
(Voyez *Poëme de Pentaur. Pap. Sallier*,
III, 8.)

[2] *Pap. d'Orbiney*, XV, 2. [hiéroglyphes] *a*, dans
cet endroit, un explétif qui se répète après

àm et qui n'a pas sa place dans les trans-
criptions hiéroglyphiques.

[3] Voyez Champollion, *Grammaire*,
n° 245, 2.

[4] Pour ce participe voyez plus loin le
n° 337.

qui est. » Le décret de Canopus, voulant donner à la jeune déesse Bérénice un diadème spécial, stipule ce qui suit :

àn   setut   er   un   ḥa   erpe-tu en mat-s.

Il ne sera pas fait semblable à (l'existant) ceux qui sont sur les images de sa mère.

, employé en tête de certains membres de phrase, semble au premier coup d'œil impersonnel; exemples (Inscription d'*Ahmès*, l. 7) :

un   χer-à ḥer   šes   àti.

Mot à mot : Il était par devers moi de servir le roi.

(*Ibid.*)

un   χer-à ḥer kent ḥer   reṭ-ti-à.

Mon emploi était de combattre sur mes pieds.

Mais cette forme impersonnelle n'est qu'apparente : dans les phrases de ce genre, le vrai sujet est *ḥer šes àti* « de servir le roi, » *ḥer kent* « de combattre; » c'est une construction analogue au ان مصدرية des Arabes.

 se combine quelquefois avec d'autres auxiliaires, sans verbe attributif. Dans l'inscription de *Pianχi*, on annonce ainsi à ce roi les conquêtes de son adversaire :  *àu un sar en àment Tafneχt-ta em* « le prince de l'Occident, Tafnekht, est dans, etc. » Suit l'énumération des lieux qu'il occupe; ce redoublement du verbe être indique ici la présence dans le sens de la possession.

On trouve aussi la combinaison *pa-un*, qui devient une locution conjonctionnelle « ceci étant. »

289. Le verbe écrit ordinairement par le scarabée 🪲, et dont l'expression phonétique est ⊘▪ χeper, a pour dérivé le copte ϣⲱⲡⲓ, ϣⲉⲡ « esse. » Sa nuance spéciale correspond habituellement à *fieri* « devenir, » le *werden* germanique; aussi s'applique-t-il encore à la génération et à la naissance. La légende du dieu *Râ* 🪲⊃ χeper tes-f, signifie « existant par lui-même [1]. » χeper s'abrége souvent en ⊘ χep. Ce verbe se conjugue comme les verbes précédents, quant aux affixes personnels, et se combine avec eux de diverses manières; il sert aussi d'auxiliaire aux verbes attributifs. Comme verbe isolé, χeper occupe une large place dans le dictionnaire; mis en tête de la phrase d'une manière absolue, il introduit le récit d'un fait et répond exactement à « il arriva que. » Le décret de Canopus apporte un bon exemple de χeper combiné avec ⊂⊃ *er* auxiliaire; à la huitième ligne, il est question des famines qui avaient sévi du temps des anciens rois :

er χeper   sχen   hâpi   netes   amu to-mer   em ha-sen.

Il est arrivé l'accident d'un Nil trop faible aux habitants de l'Égypte, dans leur temps.

La stèle des mines d'or (Prisse, *Monuments*, XXI, 14) offre, dans le même sens, la triple combinaison : au un χeper.

290. àri, qui nous a servi d'exemple pour le paradigme, signifie « être » et « faire une action quelconque [2]; » mais, en tant qu'auxiliaire, il doit être joint aux précédents, car il ne forme pas de causatifs; il se joint simplement aux verbes d'action qu'il ne semble pouvoir modifier que dans le sens du temps, et c'est à ce

---

[1] Voyez l'étude sur le scarabée, dans le mémoire sur *Ahmès, fils d'Abna*, p. 51 et suivantes. C'est à M. Birch qu'est due cette belle explication de la légende du dieu suprême. Les nuances comprises dans le mot χeper se prêtent au sens de « s'engendrant lui-même » perpétuellement.

[2] Voyez Champollion, *Grammaire*, n° 245, 3.

titre qu'il sera étudié plus loin. On le substituait à la place de
◖⬭ ou ⬭ qui étaient invariables, toutes les fois qu'on avait
besoin d'ajouter des affixes personnels.

291. ⬭ *ṭa, ṭu* «donner» est exactement le copte ϯ, ⲧⲟⲓ
«dare.» Isolé, il se conjugue avec tous les affixes et c'est l'expression habituelle du «don» et de «l'offrande.» Seul ou combiné avec
⬭ *er* «être,» ⬭ *ṭa,* ⬭ *ṭa-t* ou ⬭ *er-ṭa* sert d'auxiliaire
pour des formes dont la valeur est causative.

292. L'impératif copte ⲙⲟⲓ «donne» est emprunté à un autre
radical antique *mā,* qui signifie également «donner» et qui s'écrit
⬭, ⬭ et ⬭, etc.; celui-ci fournit aussi des auxiliaires pour
l'impératif et l'optatif sous la forme ⬭ *âmmā.*

293. L'auxiliaire ⬭ *maï*[1], qui se rapproche de
âmmā par le sens, provient néanmoins suivant toute apparence
d'un type différent : ⬭ *meri* «aimer, vouloir, désirer,»
dans lequel la liquide *r* tombe facilement, comme dans le copte ⲙⲉⲓ
«amare» pour ⲙⲉⲣⲓ.

294. L'avant-bras ⬭, soit isolé, soit avec les marques orthographiques ⬭, ⬭, ⬭, sert à écrire un verbe rarement
employé seul, mais très-usité en composition : il nous semble représenter exactement le type du verbe copte sah. ⲋ «esse» et «facere.» Il s'allie très-ordinairement à ⬭ «être.» Le composé ⬭
rā-t ou ⬭ *er-ta* sert de variante, dans le sens causatif, à ⬭ *erṭa-t,*
dont nous croyons néanmoins qu'il est différent. ⬭ ou ⬭
rā s'emploie souvent, en effet, dans un sens non causatif et semble
renforcer seulement l'expression, soit d'état, soit d'action du mot

---

[1] Voyez Champollion, *Gramm.* nᵒ 281.

qu'il accompagne; exemple : *Anpu*[1] se désole de trouver son frère mort,  *em rā mer* « à l'état de être mort. »

Nous avons étudié assez complétement le mot ⟨hiero⟩ *māk* pour que nous n'ayons pas besoin d'y revenir en ce moment; il remplace les verbes ⟨hiero⟩ et ⟨hiero⟩ dans divers temps composés. (Voyez le n° 191.)

La liste assez étendue des auxiliaires signifiant « être, faire, donner, » fait déjà pressentir des modifications assez nombreuses : il faut y ajouter quelques verbes d'un rôle plus restreint, tels que : ⟨hiero⟩ *ḫā* « stare; » ⟨hiero⟩ *ša* « commencer, » etc. et un certain nombre de particules que nous étudierons à l'occasion des temps qu'elles déterminent.

FORMULES DES DIVERS TEMPS.

AORISTE PRÉSENT.

295. Les formes, pour la 1ʳᵉ personne du verbe ⟨hiero⟩ *reχ* « connaître, savoir, » au temps le plus simple, sont :

reχ-à « Je sais. »

reχu ou *reχuà* « Je sais. »

reχ-ku ou *reχ-kuà* « Je sais. »

ou *reχ-kuà*.

La notion du temps y reste presque tout à fait indéterminée[2].

Ce temps simple est quelquefois renforcé par l'addition du verbe ⟨hiero⟩ *pu* « être, » qui se place immédiatement après. Je ne considère pas cette locution comme un temps composé; ⟨hiero⟩ semble rester

<hr>

[1] *Pap. d'Orbiney*, XIII, 3.

[2] Voyez ci-dessus, n° 262, le paradigme de ⟨hiero⟩ *àri* pour les autres personnes : il nous a paru inutile de répéter le paradigme entier pour chaque nouvelle forme.

indépendant et, sans rien changer au sens, il apporte simplement un supplément d'affirmation à la proposition. C'est ainsi que, pour louer la valeur du roi, un papyrus de Berlin emploie cette tournure, dans plusieurs phrases du modèle suivant :

reš-f   *pu*   *hat-f*   *er (šemer-u).*

Il se réjouit lorsqu'il atteint les ennemis [1].

296. Le premier type composé est tiré du verbe ⎮℮ *àu*. L'affixe personnel s'y joint de diverses façons et peut même y être redoublé :

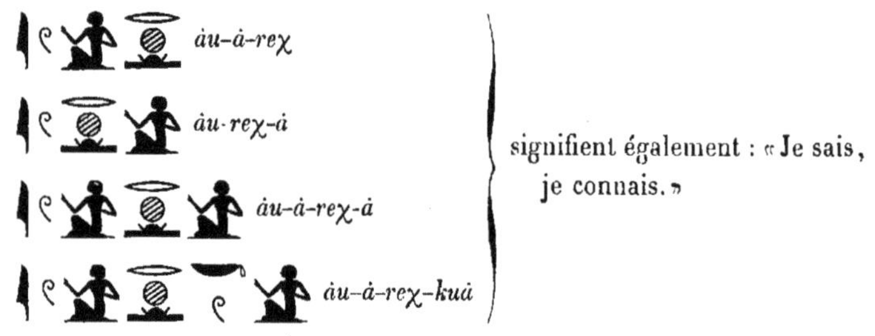

àu-à-reχ   àu-reχ-à   àu-à-reχ-à   àu-à-reχ-kuà

signifient également : « Je sais, je connais. »

C'est l'idée abstraite de la connaissance jointe à la notion de l'existence, à laquelle elle s'attache comme *mode*.

Ce temps a persisté dans le démotique [2], où son paradigme doit être lu : *àu-i, àu-k, àu-f, àu-s, àu-n, àu-ten, àu-u*. Le copte l'a aussi exactement conservé dans le présent de la forme ⲉⲓ, ⲉⲕ, ⲉϥ, etc. [3] En effet, le groupe ⎮℮ se compose d'une aspiration ⎮ *à* vague, et d'une motion ℮ *u* dont la prononciation brève était *e*, et c'est avec cette valeur qu'il a passé dans la langue copte. C'est ce que constate la transcription grecque ἐφονιχός pour le nom propre

<hr>

[1] *Pap. Berlin, Saneha,* l. 6o.

[2] Comparez Brugsch, *Gramm. dém.* 283. La forme pour le pronom indéterminé ⎮℮ ⊙ *àu-tu reχ* « on sait » est

moins usitée que celle du numéro suivant *tutu.*

[3] Deuxième présent de M. Peyron, *Gramm. copte,* p. 85.

[hieroglyphs] *àuf ànχ*, qui se prononçait évidemment *efonkh*[1]. Comme en copte, cette forme servait aussi au participe présent.

Quant à la forme la plus brève du verbe copte, le 1ᵉʳ présent de M. Peyron[2], sauf la 1ʳᵉ personne en ⲧ, qui dérive d'une autre forme antique, M. Schwartze, a bien vu qu'elle n'était qu'un affaiblissement de la forme ⲉⲓ, ⲉⲕ, ⲉϥ, etc. que nous venons de rapprocher du temps composé [hieroglyphs] *àuf-reχ* « il sait » ou « sachant. » Peyron trouvait la marche linguistique de ces deux présents fort irrégulière : elle est, en effet, empruntée aux paradigmes d'autres temps composés pour plusieurs de ses formes : la 1ʳᵉ personne ⲧ, la 2ᵉ du féminin ⲧⲉ et ⲉⲣⲉ, et la 3ᵉ personne ⲉⲣⲉ : c'est ce que démontrera l'étude successive des formes correspondantes. La 3ᵉ personne du pluriel ⲥⲉⲩⲉⲣⲉ est égale à [hieroglyphs] *sen-mer*; le pronom *sen* avait la propriété d'être sujet absolu et pouvait se placer seul avant le verbe; il a passé ici au rôle de simple préfixe.

AORISTE PRÉSENT : 2ᵉ TYPE COMPOSÉ.

297. Il résulte de la substitution de l'auxiliaire [hieroglyph] *tu* au verbe [hieroglyph] *àu*; son paradigme est absolument semblable au précédent[3] :

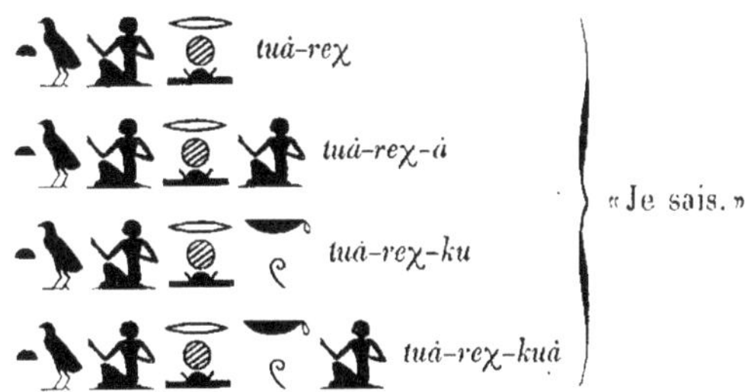

---

[1] La prononciation *e* était tellement attachée au groupe [hieroglyph], du temps des Lagides, que le sigle démotique *jj*, *JJ*, qui correspond clairement à [sign], hiératique de [hieroglyph], a servi à transcrire l'*e* dans tous les noms bilingues. Aussi dans les premiers travaux sur le démotique, ce sigle a été enregistré comme un *e* : mais M. Brugsch a reconnu tout dernièrement qu'il correspondait au groupe [hieroglyph] *àu*, tant par son origine graphique que par son rôle grammatical.

[2] Voyez Peyron, *Gramm.* p. 85.

[3] La variante orthographique [hieroglyphs] est

L'aoriste *tu-à-rey*, *tu-à-mer*, etc. explique l'origine de la 1re personne du 1er présent copte en ⳃ : ⳃⲙⲉ s. «amo;» le préfixe ⳃ avait, en effet, comme ⲧⲩ *tu*, la valeur du verbe «être,» puisqu'il s'employait même isolé pour «je suis.»

La 2e personne est :

au masc.   *tu-k-merà*   ⎱
            «Tu aimes,»
au fém.   *tu-t-merà*   ⎰

en copte sah. ⲧⲉ-ⲙⲉⲣⲉ; on reconnaît immédiatement que cette 2e personne est empruntée à notre second type des temps composés : le *t* final du féminin étant tombé, comme dans l'affixe possessif.

Il en est de même des personnes du pluriel :

1re   *tu-na-mer* «nous aimons» devient (sah.) ⲧⲛⲙⲉⲣⲉ.

2e   *tu-ten-mer* «vous aimez» devient (sah.) ⲧⲉⲧⲛⲙⲉⲣⲉ[1].

Ce temps est très-usité avec le pronom indéterminé sous la forme *tu-tu* «on est.»

tutu   *sebaï*   *nahsi*   *tuṭ-tu*   *retu*

en   *Kamu.*

On apprend au nègre le langage des hommes d'Égypte[2].

fort rare, mais elle est régulière, car elle est usitée par des graveurs très-corrects; par exemple dans la stèle en l'honneur de Toutmès III, Amon dit : *tu-à em semi-k* «je t'ai guidé.» C'est un exemple de l'*m* d'état formant le participe : «je suis guidant toi.» (Voyez le n° 347 ci-après.) — [1] La forme ⲉⲧⲉⲧⲛⲙⲉⲣⲉ, du second présent, paraît représenter une forme plus compliquée : *àu tuten-mer,* dont nous n'avons pas encore rencontré l'emploi ancien. — [2] *Pap. Boulaq,* XXIII, 5. Comparez le décret de Canopus, l. 14, où ⲁ a

C'est à cette forme ou à la précédente qu'il faut rapporter la locution où la syllabe *tu*, isolée, précède le verbe : il y a alors ellipse du verbe *être*, sous l'une des deux formes ▮▮ *àu* ou *tu*. Le *Papyrus Sallier* (II, 4, 6) en offre un exemple fort clair. Il est question de celui qui s'est adonné aux lettres depuis son enfance :

tu-ànet   *χer-tu-tu-f*   *tu-hab-f*   *er*   *àr-t*   *apu-tu*

On le fait conseiller [1], on l'envoie remplir des missions.

298. Le troisième type composé se sert des verbes ▮⟹ *àr*, ⟹ *er* et ⟹ *àri* « être, faire, » que je réunis sous ce même numéro.

On ne se sert du verbe ▮⟹ *àr*, qui est presque invariable, que lorsque le sujet est exprimé par un substantif ou un pronom absolu. Cet auxiliaire peut alors être séparé du second verbe par le sujet, comme le verbe copte ⲈⲢⲈ : — ⲈⲢⲈϨⲎⲦⲞⲨ ⲘⲈϨ égalerait exactement : ▮ ⟹ *àr ḥā-tu meh* « sunt facies eorum plenæ. » ⟹ *àri*, au contraire, admet les modifications personnelles, ainsi qu'on l'a vu ci-dessus. Comme nous en avons averti, *àri* auxiliaire ne sert qu'à renforcer l'idée d'action et n'implique pas habituellement le sens causatif [2]. Ainsi ⟹ *àri-à-sotem* signifie « j'entends » (je fais l'acte d'entendre), et non pas « je fais

---

cette valeur et ne doit pas être traduit par « de même. »

[1] La traduction précise de *ànet χer-tu* ou (*χet-u*) dans le sens de « conseiller » est assurée par le décret de Canopus, l. 29 βουλευτῶν, l. 36 βουλευτάς.

[2] Cette règle souffre quelques exceptions, mais en général c'est fort justement que M. Chabas a fait remarquer, que *àri* joue ici le rôle presque explétif de l'anglais *to do*. Le décret de Canopus contient

à la ligne 37 l'expression suivante : « afin que tous les gens connaissent. »

▮ ⟹ etc.

em sar àr en uab-u na ma-u bak-t.

« que les prêtres des temples de l'Égypte « vénèrent (les dieux évergètes). »

Ici l'auxiliaire *ar* suit le verbe principal, *ser* « vénérer; » ce qui tient probablement à l'influence de la particule *m*, qui gouverne cette partie de la proposition.

entendre. » De même ☞ *àr-tet*, à la quatrième ligne du décret de Canopus est traduit : « disent » et non pas « font dire. »

Le présent aoriste ainsi composé possédait le paradigme complet
des pronoms.

299. Si nous confrontons maintenant les deux présents du copte
dans leurs diverses formes, avec les trois variantes de l'aoriste composé que nous venons d'étudier, il nous sera facile de comprendre
comment leur paradigme, que Peyron trouvait si irrégulier, résulte
des débris de ces formes égyptiennes.

1re personne.

Sahidique.

ⲈⲒⲘⲈⲢⲈ.....
ⲦⲘⲈⲢⲈ.... } « amo »...... = { *àu-à-merà.* / *tu-à-merà.*

2e personne du masculin.

ⲈⲔⲘⲈⲢⲈ....
ⲔⲘⲈⲢⲈ..... } « amas »...... = *àu-k-merà.*

2e personne du féminin.

ⲈⲢⲈⲘⲈⲢⲈ...
ⲦⲈⲘⲈⲢⲈ [1]... } « amas »..... = { *àr-t-merà.* / *tu-t-merà.*

3e personne du masculin.

ⲈϤⲘⲈⲢⲈ....
ϤⲘⲈⲢⲈ..... } « amat (ille) ».. = *àu-f-merà.*

3e personne du féminin.

ⲈⲤⲘⲈⲢⲈ....
ⲤⲘⲈⲢⲈ..... } « amat (illa) ».. = *àu-s-merà.*

___
[1] Le ▬ *t* du féminin est ici tombé, comme presque partout dans le copte.

3ᵉ personne avec un sujet exprimé.

ⲉⲡⲉ N. ⲙⲉⲣⲉ.. «amat»...... = ⸻ N. ⸻ *àr N. merà.*

PLURIEL.

1ʳᵉ personne.

ⲉⲛⲙⲉⲣⲉ [1] ... }
                } «amamus»... =   *àu-nà-merà.*
ⲧⲉⲛⲙⲉⲣⲉ ... }   *tu-nà-merà.*

2ᵉ personne.

ⲧⲉⲧⲛⲙⲉⲣⲉ.. }   *tu-ten-merà.*
            } «amatis».... =
ⲉⲧⲉⲧⲛⲙⲉⲣⲉ. }   *àu-tu-ten-merà.*

3ᵉ personne.

ⲉⲩⲙⲉⲣⲉ.... }   *àu-u-merà.*
            } «amaut».... =
ⲥⲉⲙⲉⲣⲉ.... }   *sen-merà.*

300. D'autres formes compliquées par une particule se tirent encore de ces trois premiers auxiliaires, tout en conservant d'une manière remarquable l'indétermination du temps. L'auxiliaire se joint alors au verbe principal par les particules ⸻ *ḥer* ⸻ *m* ou ⸻ *n*, mais la préposition ⸻ , ⸻ *ḥer, ḥa*, littéralement «sur,» en copte ⸻, est, de beaucoup, la plus usitée ; combinée avec les auxiliaires *àu, tu, un*, elle fournit le temps ordinaire du récit, le passé défini, mais sans exclure ni le présent, ni même le futur, comme on le verra par les exemples suivants.

Les trois paradigmes :

⸻ *àu-f ḥa* (ou *ḥer*) *semi.*

<hr>

[1] Les formes ⸻, ⸻, ⸻, ⲉⲧⲉⲧⲛ sont des oblitérations évidentes de celle-ci. L'*a* vague que nous écrivons, après l'*n* du pluriel ⸻, n'avait probablement que la valeur d'un *scheva* ou *e* muet.

signifient également : « il est sur l'acte de marcher; » le verbe, dans ces formes, devient, par l'action de la particule, un vrai gérondif : « est, fuit, crit in ambulando. »

Le présent est le sens nécessaire du passage suivant du *Récit des deux frères*[2]. Quand *Bata*, changé en taureau, eut trouvé sa femme, il lui dit : « Tu sais que tu as fait couper le cèdre où résidait mon cœur. »

tu-t her āmamu.

Tu sais.

Quant au prétérit, les exemples abondent :

un ân-tu her χerau.

On fut à combattre (on combattit).

Telle est la formule la plus simple des récits.

L'exemple suivant, tiré de l'*Histoire des deux frères*, renferme deux nuances bien distinctes du passé[3] (prétérit défini et prétérit anté-rieur) :

---

[1] ⟨image⟩ *un* se joint aussi directement au verbe principal pour former le premier aoriste, sans ⟨image⟩ : mais les formes *un-â semi, un semi-â* sont beaucoup plus rares que les composés des verbes *âu* et *tu*. (Voyez les nᵒˢ 296 et 297, ci-dessus.)

[2] *Pap. d'Orbiney*, XV, 7. On trouve indifféremment employées dans ce temps les formes *ha* ou *her* pour la particule.

[3] *Pap. d'Orbiney*, XVIII, 5. Remarquez après la femme agenouillée le signe ⟨image⟩ pour les choses funestes ou douloureuses.

un-àn-s(t) [1]   *her*   *ämam*   *àu-s(t)*   *her*   *šep*

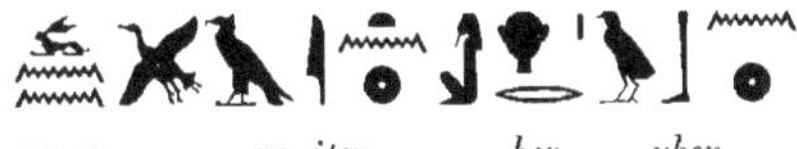

uur-u.

Elle comprit (qu')elle avait reçu un germe (de grossesse).

Voici le futur non moins clairement exigé par le sens : *Bata* demande à son frère d'attendre le lever du soleil [2] :

un en   *pa-àten*   *her*   *uben.*

(Quand) est le soleil à luire (pour : Quand le soleil luira).

L'auxiliaire 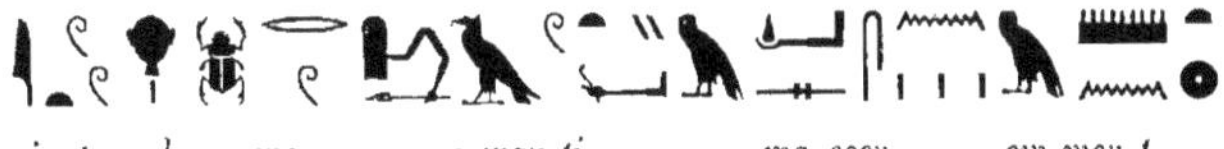 χ*eper* a aussi son rôle dans ce genre de formule; les papyrus en offrent des exemples nombreux, surtout dans les récits. Au papyrus Lee, on dit du principal accusé qu'il avait fait des figurines magiques en cire (*Papyrus Lee, VI, 4*) :

àuf-χeper her àr ret-u en meneh.

Mot à mot : Il devint à faire des hommes de cire.

Avec la formule de l'indéfini, le papyrus d'Orbiney m'a offert l'exemple suivant (pl. X, l. 10) :

àu-tu   *her* χ*eper*   χ*erau-ti*   *ma-ssen*   *em men-t.*

On devint à se disputer parmi eux, chaque jour [3].

---

[1] *àn* est ici l'exposant du sujet (voyez ci-dessus n° 263), très-usité avec le verbe *un*. Remarquez l'ellipse très-ordinaire du *que* de relation.

[2] *Pap. d'Orbiney, VI, 9.*

[3] Remarquez le double *s* dans le pluriel ⸺; je ne crois pas qu'il faille reconnaître là une forme spéciale, c'est

Remarque. Il serait peut-être téméraire de poser des règles précises avant qu'une plus grande quantité de textes aient été analysés : on peut dire d'une manière générale que l'auxiliaire *tu* dans cette locution, comme dans le temps simple, se prête mieux au présent que *âu* et *un*; *χeper* annonce le passé plus décidément. Les mêmes formules se présentent avec l'auxiliaire *māk*, remplaçant les autres verbes [1].

301. Nous rangeons à la suite de ces formes quelques tournures qui ne s'expliquent naturellement que par l'ellipse d'un des auxiliaires étudiés ci-dessus.

La particule *ḥa* figure dans la phrase suivante avec la double suppression de l'initiale *âu* avant le sujet et du verbe *tet*, qu'elle gouvernait. La stèle de l'an II de *Ramsès II* dit à son début : « Il y eut une réjouissance dans le ciel au jour de sa naissance : »

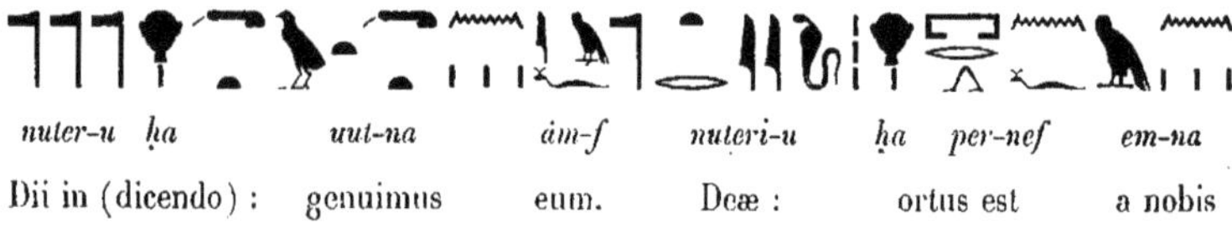

nuter-u	*ḥa*	*uut-na*	*âm-f*	*nuteri-u*	*ḥa*	*per-nef*	*em-na*
Dii in (dicendo) :		genuimus	eum.	Dcæ :		ortus est	a nobis

er âri-t suteniu rā Amen   ḥa   nok   âri   su. , etc.

ad agendum regnum solis. Amon : ego feci sum, etc.

Le dernier membre de phrase démontre la place et la valeur de l'ellipse : *ḥa* ne peut être lié aux verbes *uut-na* et *pere-nef*.

Quelquefois ces ellipses se compliquent d'une inversion très-

une simple variante orthographique analogue à l'écriture ⸺ pour l'affixe féminin de la 3ᵉ personne.

[1] Voyez le n° 191, pour les locutions *māk-uá ḥer tut* « je dis » et *māk Rā ḥer tut* « le dieu Ra dit. »

[2] Voyez Prisse, *Monuments*, pl. XXI, traduit par M. Birch.

dure ; et l'on a besoin d'une analyse minutieuse pour déterminer l'agencement de la phrase. C'est ainsi qu'on est amené à reconnaître l'ellipse d'un auxiliaire dans la phrase suivante[1] :

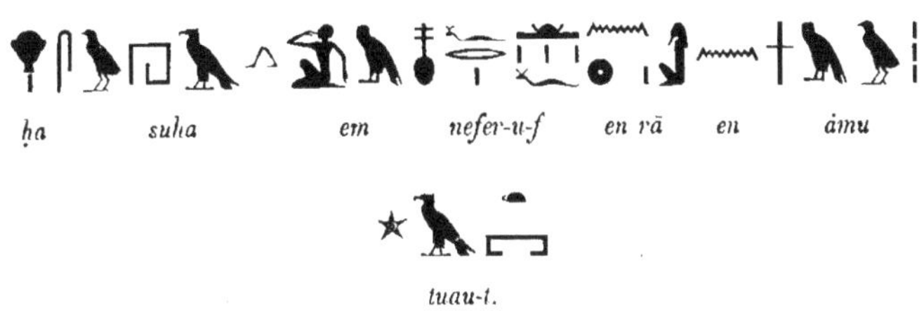

ḥa   suḥa   em   nefer-u-f   en rā   en   āmu

tuau-t.

(Sont) à se récrier sur ses qualités *Ra* et les habitants du ciel inférieur.

La particule ⌇ *n*, jointe ici aux deux sujets indique l'ellipse de ⌇ *un* plutôt que de ⌇ *āu* ou de ⌇ *tu*.

302. Les temps que nous allons exposer, quoique se prêtant encore au vague du temps, renferment pourtant plus habituellement l'idée du passé.

La forme la plus simple consiste dans l'addition de l'*n* ⌇ avant l'affixe-sujet. Ainsi, ⌇ *ṭa* « donner » fournira le paradigme : ⌇ *ṭa-nā*, ⌇ *ṭa-nek*, ⌇ *ṭa-net*, ⌇ *ṭa-nef*, ⌇ *ṭa-nes*, ⌇ *ṭa-nnu*, ⌇ *ṭa-nten*, ⌇ *ṭa-nsen*, « j'ai donné, tu as donné, etc. » Cette *n*, amenant l'idée du passé, se reconnaît dans diverses formes du copte : ⲚⲈⲒ . . . ⲚⲈ pour l'imparfait simple et, pour le composé, ⲚⲈ-ϢⲀⲒ, ainsi que dans le plus-que-parfait

---

[1] Voyez Mariette, *Abydos :* grande inscription de *Ramsès II*, l. 99. G. Maspero, *loc. l.* M. Brugsch, *Gramm. hiérogl.* n° 362, donne l'exemple suivant, tiré de la stèle de la princesse de *Beχten*, et qui s'explique bien par l'ellipse de ⌇ *āu.* ⌇ *pe-sar en Beχten her ār rā nefer,* « le prince de Bakhtan fit un jour de fête. » M. Brugsch pose ici pour règle que le sujet doit se trouver en tête de la phrase avec l'ellipse de ⌇ *āu;* notre dernier exemple montre, au contraire, l'inversion; mais l'exposant du sujet ⌇ *n* rétablit, en ce cas, l'équilibre de la phrase.

ⲛⲉ-ⲧⲓ, etc. La particule caractéristique est passée devant le radical par une série de transformations analogues à celle que nous avons signalée pour les deux aoristes-présents, et le changement était accompli, en partie, dès l'époque démotique. Là où la langue antique disait ṭa-nà « j'ai donné, » le démotique avait ne-ṭa-i[1].

Le prétérit donne lieu à quelques remarques pour les affixes : la 1re personne est quelquefois écrite nu, ou et nu-à. Ainsi : ṭa-nuà[2] « j'ai transféré. » Plus souvent est écrit seul, en omettant la voyelle ou le signe de la personne ; exemple : χus-nà Ḥa-nuter nte χent àment[3] « j'ai bâti le temple d'(Osiris) de l'Amenti. »

Les pronoms-régimes, directs ou indirects, se mettent après les affixes-sujets : ṭa-nef-uà « il m'a placé; » ṭa-nà nef « j'ai donné à lui. » Dans le démotique, la marque du prétérit étant devenue initiale, la même phrase devient ne-ṭa-i-nef : plus tard encore la marque personnelle i a rejoint la marque du temps : en copte, à l'imparfait, on eût dit : ⲛⲉ-ⲓ-ϯ-ⲛⲁϥ̄ⲡⲉ « dabam illi. »

Nous pensons que la particule ou , exposant du sujet, doit être distinguée de ce type, quoiqu'elle en ait probablement fourni l'origine, son emploi n'implique aucune tendance à la détermination du temps. Les légendes des images divines commencent les discours que le dieu est censé adresser à son adorateur par : ṭaṭ àn Amon « Amon dit » et cette initiale est naturellement au présent.

303. On ne s'attendait pas à rencontrer les affixes de la forme , , , nà, nek, nef joints à des verbes gouvernés par la particule ḥa, et qui, par conséquent, paraissent à l'infinitif. Peut-être ces formes n'étaient-elles pas bien correctes : nous n'ose-

---

[1] Voyez Brugsch, *Gramm. dém.* n° 284.

[2] Statuette naophore du Vatican.

[3] Musée du Louvre. Statue de *Pefàànet*, A 80.

rions cependant pas les supprimer; ainsi elles sont répétées deux fois dans l'exemple suivant[1] :

un   *an-f ḥá*   *šem-nef*   *er ta*   *án-t*   *pa-āš*

áu   *paif*   *sen*   *āa*   *ḥá*   *šem-nef*   *er*   *paif·pa.*

Il s'en alla à la vallée du cèdre et son frère aîné s'en alla à sa maison.

Nous avons dit que le passé n'était pas exclusivement déterminé par la présence de la lettre ⌇⌇⌇ avant le sujet. Dans la phrase suivante, par exemple, on doit traduire par le présent (pris pour un passé très-rapproché)[2] : *Ramsès II*, opposant les rapports précis qu'il vient de recevoir à des renseignements trompeurs que lui ont transmis ses généraux, leur reproche d'avoir cru à la retraite de l'armée ennemie; il ajoute :

χer   *ptár*   *ár-ná-soṭem*   *em taï*   *unu-t.*

Or voici! j'entends dans cet instant (pour : Je viens d'entendre à l'instant).

C'est ainsi qu'il introduit la nouvelle qu'il vient d'apprendre. Dans cet exemple, l'auxiliaire *ár* ne modifie en rien le sens; ainsi que nous l'avons exposé pour le temps simple[3] de ⊂⊃ *ári* ajouté à un radical, il ne fait que renforcer l'idée d'action. On ne trouve la forme de ce second aoriste, dans les temps composés, qu'avec

---

[1] *Pap. d'Orbiney*, VIII, 5. On pourrait considérer ici le verbe principal comme étant dans le mode subjonctif, influencé par la particule qui le gouverne. (Voyez ci-après, n° 326.)

[2] Grande inscription d'Ibsamboul et du Ramesséum. Lepsius, *Denkmäler*, III, 153, à la ligne 15.

[3] Voyez ci-dessus, n° 284.

un certain nombre de verbes. Les exemples que nous venons de citer se résument dans le tableau suivant :

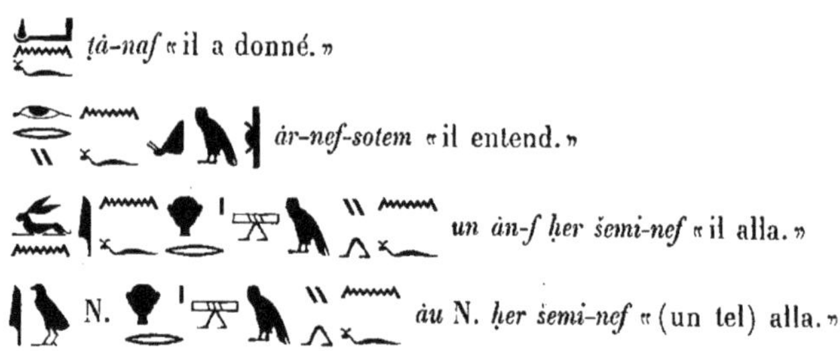

Nous rencontrerons d'ailleurs les affixes augmentés de ⌇⌇⌇⌇ dans
d'autres temps composés, où cette addition ne paraît en aucune
manière modifier la nuance qu'indiquerait l'affixe simple ; ce temps
mérite donc encore clairement le nom d'aoriste.

304. Le décret de Canopus, en nous apportant la traduction
très-exacte d'un long texte égyptien, peut souvent servir à vérifier
des appréciations grammaticales assez délicates : au milieu d'un
très-grand nombre d'exemples, nous choisissons la phrase suivante
qui met parfaitement en lumière ce que nous avons expliqué sur
l'indécision des nuances des temps, dans les deux aoristes. —
Texte hiéroglyphique (ligne 6).

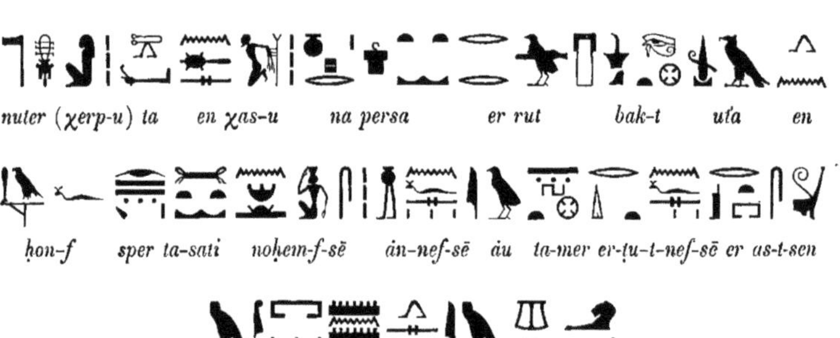

Les images divines (que) avaient emportées les ennemis de Perse, hors de l'Égypte,

Sa Majesté est partie, elle a atteint les pays d'Asie, elle les a sauvées (les images),
elle les a rapportées en Égypte, elle les a données à leur place dans les temples,
(d'où) elles avaient été ravies de là auparavant.

En examinant les nuances du passé qu'exige cette phrase, on remarquera que le prétérit antérieur, celui qui s'applique aux faits
qui ont précédé le fait principal du récit est rendu ici, première-
ment, par la forme abstraite *ta*, le sujet étant affecté de
n, ce qui équivaut au second aoriste; secondement, par le premier
aoriste *menmen-sen*. — Le prétérit simple est rendu
indifféremment par le premier ou le second aoriste : *nohem-f, án-nef,
erța-t-nef*. Ces nuances résultent de l'enchaînement des faits, ainsi
que le prouve le texte grec correspondant[1].

305. Le copte possède un auxiliaire préfixe ⲁ, qui a son origine évidente dans le verbe ⲁ « esse, facere; » joint au suffixe, il
compose le paradigme d'un prétérit-aoriste (1ᵉʳ parfait de M. Peyron), quelquefois encore employé pour le présent. Cet ⲁ se détache
du radical dans le cas où le sujet est un substantif : ⲁ ⲡⲉⲧⲣⲟⲥ ⲝⲉ
« Pierre a dit; » ⲁ ⲓ̅ⲥ̅ ⲟⲩⲱϣ︦ⲃ « Jésus a répondu[2]. » Le groupe *á*,
qui se place également avant le verbe, nous paraît remplir un rôle
très-semblable dans la langue antique : avec un sujet substantif
ou pronom absolu, il reste sans affixe. L'exemple suivant est précieux par la répétition de la même forme[3] :

ben	*ánuk*	*á-teț*	*su*	*ben*	*ánuk*	*á-num*
Non	ego	dixi	hoc,	non	ego	iteravi

<hr>

[1] Texte grec, l. 10, 11. Καὶ τὰ ἐξενεγ-
χθέντα ἐκ τῆς χώρας ἱερὰ ἀγάλματα ὑπὸ
τῶν Περσῶν, ἐξστρατεύσας ὁ βασιλεὺς
ἀνέσωσεν εἰς Αἴγυπτον καὶ ἀπέδωκεν εἰς
τὰ ἱερὰ ὅθεν ἕκαστον ἐξ ἀρχῆς ἐξήχθη.

[2] C'est le ivᵉ temps de M. Peyron, son
perfectum primum; Schwartze le considère
encore, avec raison, comme un aoriste.

[3] *Pap. Harris*, IX, 11. Cf. Chabas,
l. l.

su	Māḳui	se	Set	à-t'aṭ	su	mentuf	à-num
hoc.	Makui	filius Set		dixit	hoc,	ille	iteravit

su.

hoc.

Quand on avait besoin des affixes, tantôt on les unissait au verbe principal et tantôt à l'auxiliaire lui-même : au papyrus Abbott[1], *Psar*, chef de la ville, dit aux gens de la région des tombeaux qui étaient venus proclamer dans la ville le résultat favorable d'une enquête dirigée contre eux :

à-àr-ten		nehamu	àm-à	em	ru en	taï-à

ā-t	ia	àχ.

Vous faites des cris de joie sur moi, à la porte de ma maison. Oh! comment? C'est-à-dire : Comment venez-vous proclamer votre joie, à mes dépens, devant ma propre maison?

Ici le prétérit est moins approprié au sens que le présent. Le présent est encore applicable dans l'exemple suivant[2] : le scribe compare le jeune homme fait qui repousse les leçons et veut se diriger par ses propres lumières, à l'enfant qui, reposant sur le sein de sa mère, ne pensait qu'à teter :

[1] *Pap. Abbott*, VI, 1. Cf. Chabas, *l. l.* Jusqu'ici, on a expliqué comme exprimant l'idée du relatif; mais nous ne pouvons adopter cette vue. Dans les séries d'exemples que nous avons groupées ici, il n'y a que la seconde qui pourrait se prêter à cette explication, qui est exclue par les autres : l'ellipse du relatif est d'ailleurs excessivement fréquente.

[2] *Pap. Boulaq.* XXIII, 19.

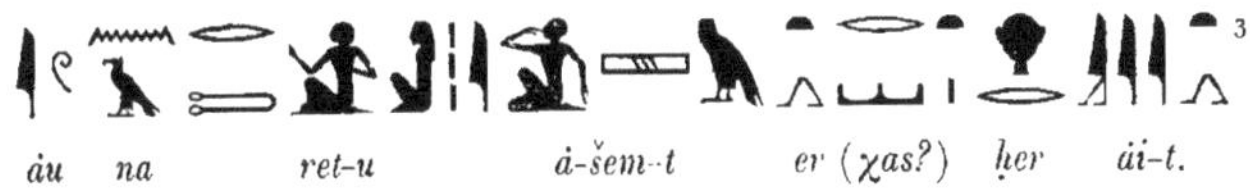

306. Cette forme du prétérit-aoriste, avec ꜣ initial, s'emploie très-fréquemment dans un second membre de phrase, ou dans un sujet complexe, avec ellipse de la particule de relation, qui est ⌒\\ *nti* [2] « que : »

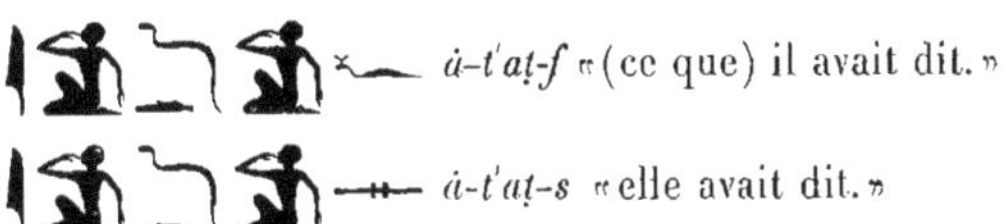

Mot à mot : Furent les hommes (qui) étaient partis vers les pays, à venir.

Un grand nombre de phrases sont construites sur ce modèle.

307. L'*à* initial, joint au verbe ⌐ *tut* « dire, » donne lieu à des locutions très-variées, quant à la pose des affixes personnels. Le *Récit des deux frères* fournit à lui seul les formes suivantes :

à-t'at-f « (ce que) il avait dit. »

à-t'at-s « elle avait dit. »

---

[1] On voit qu'il est impossible d'appliquer la théorie du sens relatif, comme véritable traduction de ⌐ *à* initial, à ces exemples et à bien d'autres.

[2] Nous reviendrons sur l'ellipse de la particule de relation ; mais il faut remarquer que cette tournure est loin d'être spécialement affectée au temps de la forme *à-tat* : elle est très-usitée d'ailleurs. Comparez la phrase suivante : (*Pap. Abbott*, V, 4) : ⌐ *ptar na às-tu un-nà àm-u*, « voici les lieux (que) j'ai été en eux » (où j'ai été), c'est le même modèle de phrase : *un-na* n'implique pas plus le relatif que *à-šem* ; il y a ellipse dans les deux cas.

[3] *Pap. d'Orbiney*, XI, 8.

à-t'aṭ-nes(set) « elle avait dit. »

à-t'aṭ-nef païf-sen « avait dit à lui son « frère. »

L'ellipse du verbe *taṭ* étant autorisée par l'usage, l'affixe personnel et même la lettre ⌇⌇⌇⌇, marque du prétérit-aoriste, restaient accolés à l'auxiliaire *à* ainsi isolé : *Pà-à-nes(set)*, mot à mot « ce elle avait (dit) » pour : « ce qu'elle avait dit. »

L'affixe personnel s'insérait entre l'auxiliaire *à* et le verbe *taṭ*, quand le discours cité précédait : c'est un arrangement grammatical très-semblable à notre locution française « ai-je dit, a-t-il dit. »

Dans cette tournure de phrase, tantôt on employait la forme simple du verbe et tantôt on insérait la particule , *her, ḥa* :

à-nef-t'uṭ-nef « a-t-il dit à lui » pour « lui dit-il [1]. »

à-nà-her-t'uṭ-nef « ai-je dit à lui [2]. »

à-nef-her-t'uṭ-na « a-t-il dit à moi [3]. »

à-nes-her-t'uṭ-nef « a-t-elle dit à lui [4]. »

L'ellipse du verbe *tuṭ* était également autorisée avec cette inversion; Ramsès II, parlant de son père, qui l'associait à la couronne, dit dans l'inscription d'Abydos :

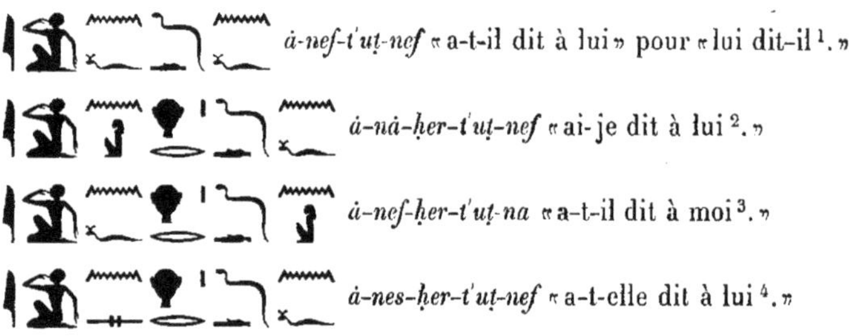

àm-mà-nef	*uret*	*ḥà tep-f*	*à-nef*	*er-à.*
Detur illi	diadema	in capite suo,	(dixit) ille	mihi.

---

[1] *Pap. d'Orbiney*, II, 4.
[2] *Ibid.* V, 3.
[3] *Ibid.* V, 1.
[4] *Pap. d'Orbiney*, XVI, 5.
[5] Voyez Mariette : *Grande inscription d'Abydos*, l. 46. Cf. Maspero, *loc. l.*

Dans le *Récit des deux frères*, *Batu* éprouve le désir de revenir sur la terre :

à-nef em hāti-f.

A-t-il (dit) dans son cœur [1].

308. L'initiale *à* se joignait aussi à l'auxiliaire *àu*, qui semble alors réduit au rôle conjonctif. Au papyrus Abbott, il est question de deux scribes auxquels on reproche d'avoir fait une dénonciation, sans y être incités par les rapports de leurs subordonnés :

àu-à-tut-u   smi-u   en ta   àuf   em-ā-res.

Et ils ont dit des rapports au gouverneur, étant (lui) dans le midi.

Le tableau suivant résume les variantes observées jusqu'ici dans l'emploi du initial, marque du prétérit-aoriste.

    N. *à-t'ut* N. « (un tel) dit, a dit, avait dit. »

    à-t'ut-f « il dit. »

    à-t'ut-nef « il a dit. »

    à-nef « il a dit. »

    àu-à-t'ut-f « il avait dit. »

    à-nef-t'ut « dit-il; »

    à-nef-her-t'ut « dit-il. »

[1] *Pap. d'Orbiney*, XIII, 6. — [2] *Pap. Abbott.* VI, 3. (Cf. Chabas, *loc. l.*)

à-nef [1] « dit-il. »

à-ntu « avait-on dit [2]. »

Il faut encore ajouter ici les composés avec l'auxiliaire 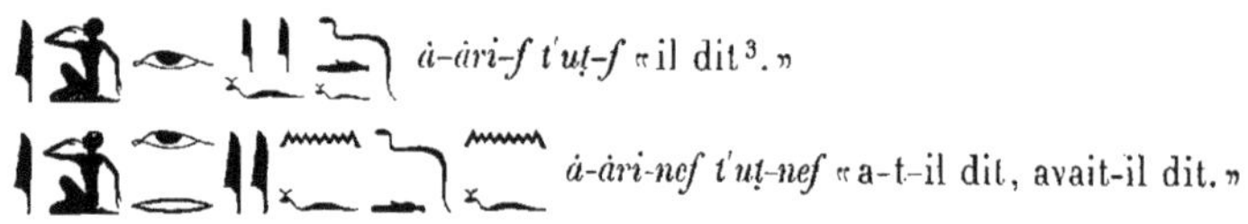 *àri* :

à-àri-f t'ut-f « il dit [3]. »

à-àri-nef t'ut-nef « a-t-il dit, avait-il dit. »

Nous ajouterons ici un exemple singulier et dans lequel, si le texte est correct, l'augment affecte tout à la fois l'auxiliaire *àri* et le verbe principal. Il est tiré de l'*Histoire des deux frères :* la reine, voulant obtenir du roi un pouvoir discrétionnaire pour détruire les arbres merveilleux qui l'inquiétaient, s'exprime ainsi : « Jure-moi par Dieu, en disant : »

àr   pa-nti   à-àrt   ta   šepes-t   à-tet na

àu-à-er-sotemf   nes(set).

Tout ce que la princesse m'aura dit, j'y acquiescerai.

On voit que les circonstances du récit exigent que notre aoriste complexe *à-àret . . . àtat* soit traduit par un futur antérieur.

---

[1] L'exemple suivant tiré du *Pap. Abbott* (VI, 14) montre une singulière inversion où le sujet, d'abord remplacé par l'affixe, est ensuite introduit de nouveau avec la particule d'état mot à mot : *à-nef-un em pi-ḫā en nu-t* « a dit à eux, (à savoir) le chef de la ville. »

[2] *Pap. Anastasi,* V, 25, l. 6. Le membre de phrase vient après la mention d'un ordre précédemment donné.

[3] Comparez *Pap. Anastasi,* IV, 12, l. 8, *à-àri (à) seter* « je me couche, » où il semble que l'omission du pronom n'est pas régulière.

Nous retrouverons encore l'initiale [hieroglyph] *à* dans plusieurs autres temps composés.

309. Les particules [hieroglyph] *às* et [hieroglyph] *hân* sont réellement des exclamations, mais, ainsi que leurs corrélatifs sémitiques אך, אֹ et הֵן, הֵן, elles servent, dans les discours, à noter de véritables prétérits de plusieurs nuances.

La particule [hieroglyph] *às*[1] se rencontre sous diverses formes : soit allongée euphoniquement en [hieroglyph] *àste*, [hieroglyph] *àske;* soit, au contraire, diminuée de l'[hieroglyph] initiale : [hieroglyph], [hieroglyph] *ste*, ou [hieroglyph] *ske*. [hieroglyph] *ste* est la forme usitée dans les plus anciens textes connus de nous, comme dans l'inscription d'*Una :* avec l'affixe de la première personne, [hieroglyph] *ste-u* « voici moi. » Elle subsiste en copte sous les formes ⲉⲓⲥ, ⲓⲥ « ecce. »

Lorsque la particule *às* ou ses variantes se trouve dans une phrase où deux faits sont exposés, elle caractérise le plus ancien des deux : souvent même elle suffit à cet emploi avec ellipse du verbe « être. » « Le roi Darius m'ordonna d'aller en Égypte, dit *Ut'ahorsun*[2] : »

ài-à   er kem   às–hon-f   em   àramà   às su em sar ãa en (χas?) neb

hak ãa en kemi.

Mot à mot : (Ordonna) venir moi en Égypte : Voici, il était en *Elam ;* voici, il était grand souverain de toute la terre, grand roi de l'Égypte.

---

[1] Voyez Champollion, *Grammaire,* p. 500, et le *Mémoire sur l'inscription d'Ahmès,* p. 131. Nous retrouverons plus loin la partiticule [hieroglyph] et nous examinerons son rôle dans des phrases où les formes verbales sont plus compliquées. Nous n'en parlons ici qu'au point de vue du temps passé qu'elle détermine ordinairement.

[2] *Statue naophore du Vatican,* C. Champollion, *Gramm.* p. 501. Le subjonctif résulte de la liaison des idées et n'a pas de flexion particulière, ainsi que nous l'expliquerons plus loin.

Cet état de roi, ainsi que le lieu où il se trouvait, précède dans le temps l'ordre qu'il donna au narrateur et c'est, en général, ce qu'indique la présence de la particule 𓄿, qui remplit ainsi l'office d'une conjonction.

310. L'orthographe 𓄿 *ḫā-n*, que prend quelquefois la particule *ḫān*, donne à penser que cette particule a son origine dans le verbe 𓄿 *ḫā* « stare, » auquel s'ajoute ordinairement, mais pas toujours, le 𓈖 de jonction : de là les variantes 𓄿, 𓄿 *ḫān* et 𓄿, avec *ḫà* séparé de *n*, et même 𓄿 seul.

On peut tirer la même conjecture des formes variables ϩⲏⲛⲛⲉ, ϩⲏⲏⲧⲉ, ϩⲏⲛⲛⲉ que cette exclamation a prises dans le copte et qui se joignent ordinairement à ⲉⲓⲥ. A la différence de 𓄿 *às*, *ḫān* détermine ordinairement le fait passé à la vérité, mais succédant toutefois, dans l'ordre des temps, à un premier fait. *Ahmès*, fils d'*Abna*, après avoir parlé de son enfance, dit :

ḫer-em-ḫet ḳar-nà   *pa*   *ḫān-à*   *tat-t-kuà.*

Or, lorsque je fus maître de maison, je partis, etc.

Et dans un autre endroit : « Mon père était capitaine de vaisseau : »

ḫān-à   *ḫa*   *àr-t*   *uàu*   *er*   *ṭeb-f.*

(Voici que) je devins capitaine à sa place.

Dans cette inscription et dans beaucoup d'autres récits, l'énumération des faits successifs se fait sous l'influence de cette formule, où la particule *ḫān* donne au verbe la valeur d'un prétérit indéfini, tout en reliant le nouveau fait aux faits précédents.

---

[1] Voyez *Mémoire sur l'inscription d'Ahmès*, p. 175. — [2] Voyez *ibid.* p. 131.

La méthode pour appliquer ici les affixes personnels variait beaucoup : la formule la plus brève est la suivante :

1. 

ḫā tut-s nef.

Elle dit à lui (mot à mot : Voici! elle dit à lui).

2. La lettre 〰 insérée après le verbe :

ḫā tut en ḥon-f.

Le roi dit.

3. Avec le sujet affixe :

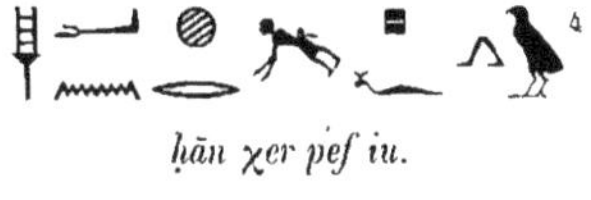

ḫā àri-nef.

Il fit.

4. La particule complète *ḫān* avec le substantif :

ḫān χer pef iu.

Voici! cet ennemi vint.

5. L'affixe-sujet venant après *ḫān* :

ḫān-sen hab.

Voici! ils envoyèrent.

---

[1] *Pap. d'Orbiney*, IV, 10.

[2] Stèle du prince de *Bakhtan*, l. 9.

[3] *Ibid.* l. 18.

[4] Inscription d'*Ahmès*, l. 21.

[5] Inscription de *Piānχi-meriàmen*.

6. Avec le pronom indéfini :

ḥān-tu iui er ṭuṭ en ḥon-f.

(Voici) on vint pour dire à Sa Majesté.

7. Le sujet-affixe rejeté après le verbe :

ḥān maseb-f em-baḥu ḥon-f.

(Voici) il passa devant Sa Majesté.

8. Avec redoublement de l'affixe personnel :

ḥān-á ṭeḥan-kuá er χā-em-mennefer.

(Voici) j'arrivai (au commandement) du navire *Kha-em-Mennefer.*

9. Le verbe prenant l'affixe du prétérit *ná, nek, nef* :

ḥān χafā-ná.

Voici, je pris.

10. Avec l'insertion de la particule ho *ḥa, ḥer :*

ḥān-á ḥer ári-t.

(Voici) je fis.

---

[1] Campagne de Ramsès II, *Denkmäler,* III, 128.

[2] Stèle du prince de *Bakhtan,* l. 7. *Étude sur une stèle égyptienne,* etc. p. 29.

[3] Inscription d'*Ahmès,* rectification due à M. Brugsch.

[4] Inscription d'*Ahmès,* l. 9.

[5] *Ibid.* l. 5.

Le récit du roi *Pianχi-Meriàmen* fournit à lui seul les variantes ci-après pour la phrase : « alors ils envoyèrent : » *hã-hab-ensen, hãn-sen-hab, hãn-hab-sen* et *hãn-sen-hab-ensen*.

311. Nous avons déjà noté plusieurs cas où les divers aoristes répondaient au prétérit antérieur; cette nuance était exigée par le sens, soit qu'on eût dans le texte égyptien un des trois premiers temps, soit que le verbe fût au prétérit[1], résultant de la formule initiale 🖾 *à*.

La conjonction 🖾 *ter* « lorsque, » en copte ⲭⲉ, détermine ordinairement le prétérit : 🖾 *ter-sotem-f* « lorsqu'il entendit, » 🖾 *ter maaf* « lorsqu'il vit, » etc. Le sens peut exiger parfois le prétérit antérieur. C'est ce qu'on observe dans l'exemple suivant, où elle se joint à la particule ∿∿∿ : la phrase mérite également attention à cause de la disposition toute particulière des affixes pronominaux ; le sujet reste accolé au verbe, mais le régime s'attachant à la conjonction *nter* y occupe le premier rang : *Bata* cherchant à détromper son frère, irrité par les faux récits de sa femme, lui dit[2] : 🖾 *en ter-uà ha-be-k* « lorsque tu m'avais envoyé. » Cette locution correspond bien avec le 16ᵉ temps de la grammaire de Peyron (sah.) ⲚⲦⲈⲢⲈ-ⲓ « cum essem ou fuissem, » qui peut néanmoins provenir d'une autre formule.

312. L'addition des auxiliaires 🖾 *pu* et 🖾 *pu ári* servait également à définir un prétérit antérieur[3] :

ài-pu-en	*ãn*	*suten*	*Tahut-em-heb*	*em bahu*	*hon-f*	*utu en*	*hon-f*
Cum venisset	scriba regius		Thoth-em-heb	ante	regem,	jussit	rex

[1] Voyez ci-dessus, n° 290. Comparez Champollion, *Gramm.* n° 319.

[2] *Pap. d'Orbiney*, VII, 5. Ainsi que nous l'expliquerons ci-après, cette construction est contraire à la disposition ordinaire des affixes, sujets et régimes.

[3] Stèle du prince de *Bakhtan*, l. 11.

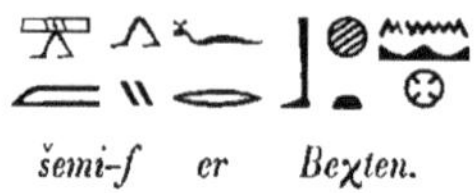

šemi-f   er   Beχten.

iter facere illum ad *Bakhtan.*

pu étant invariable, quand on avait besoin d'un affixe personnel, on ajoutait l'auxiliaire ⟵ *àri* : dans le *Récit des deux frères*, après qu'*Anpu* eut reconnu l'infamie de son épouse, le texte dit[1] :

sper   pu-àr-nef er   paif   pa   auf   ḥà   χutebu

Cum advenisset ad   suam   domum,   occidit

taif   ḥim-t.

suam mulierem.

Ce temps composé s'employait aussi avec un sujet substantif[2] :

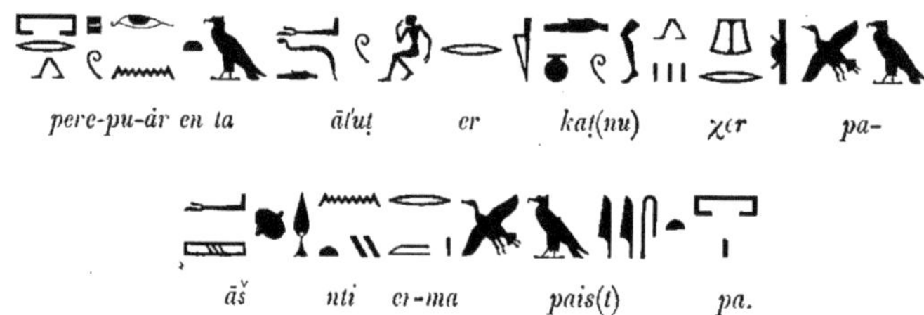

perc-pu-àr en ta   à'ut   er   kat(nu)   χ⟨r   pa-

àš   nti   cr-ma   pais(t)   pa.

Cum exisset puella ad deambulandum sub cedro qui (erat) contra domum ejus.

Ce temps est essentiellement composé de deux infinitifs : *pere pu, sper pu; aï pu*; il peut se rendre tout aussi bien en français par le

---

[1] *Pap. d'Orbiney,* VIII, 7. La forme variable *puif, puis* ne s'est trouvée jusqu'ici qu'avec la néga-tion. (Voyez ci-après, n° 387. Cf. Brugsch, *Dictionnaire,* p. 465.)

[2] *Pap. d'Orbiney,* X, 5.

prétérit du participe : «étant sorti, venu, arrivé;» mais la forme augmentée de *ári-nef* est un vrai prétérit variable.

Les diverses nuances du prétérit peuvent encore résulter soit de la présence d'autres particules, soit de l'agencement des membres de la phrase; nous étudierons à part ces locutions, qui ne modifient pas l'apparence extérieure des verbes.

FUTUR.

313. Le futur était quelquefois exprimé par les formes de l'aoriste présent : mais Champollion[1] a reconnu que l'insertion de l'*r* ⊂⊃, particule de direction, entre l'un des auxiliaires et le verbe principal met ordinairement celui-ci au futur :

àu-à-er   *šem*   *er*   *ta-àn-t*   *pa-āš*.[2]

Je m'en irai à la vallée du cèdre.

La forme plus brève ⎮ ⟨...⟩ [3] *àu-à-šem-nà*, qui représente aussi un futur : «je viendrai,» peut être un abrégé de celle-ci, ou bien un emploi de l'aoriste composé pour le futur.

Le verbe, gouverné par la particule ⊂⊃ *er*, est ou devrait être naturellement à l'infinitif; il y a lieu néanmoins de réitérer ici la remarque que nous avons faite ci-dessus à propos de ⟨...⟩ *hà*, car la même phrase est écrite au même papyrus[4] : ⟨...⟩ *au-à-er-šem-nà*, pour : «j'irai[5].»

Avec le pronom indéfini, la formule du futur devient : ⟨...⟩

<hr>

[1] Voyez Champollion, *Gramm.* n° 278.

[2] *Pap. d'Orbiney*, VII, 2.

[3] *Ibid.* XIII, 6.

[4] *Ibid.* VIII, 3.

[5] Comparez l'exemple cité ci-après, au conditionnel : *au-à er mer-nà*, «je mourrai.» (Voy. n° 330.) M. Brugsch cite, dans sa Grammaire, n° 161, une forme du futur ⟨...⟩ *tuf-er-meh-f*, «il remplira,» qui est construite d'après ce modèle, mais avec l'auxiliaire ⟨...⟩.

àu-tu-er; exemple : Toutmès III dit à ses soldats : « Préparez vos armes (car on livrera bataille) : »

er-nti   au-tu   er tehen   er (χerau).

Mot à mot : Il est que on est pour s'avancer pour combattre.

314. Le futur copte, obtenu par l'insertion de ε, ει-ε-ειρε « je ferai » (n° xi, 3ᵉ futur de M. Peyron), provient évidemment de l'égyptien *àu-à-er-àri,* puisque la particule *er* est abrégée presque partout en ε. Quant à la forme assez rare ⲧⲁ, ⲧⲁⲣⲓ, ⲧⲁⲣⲉⲕ (Peyron, n° xii, 4ᵉ futur), il est probable qu'elle doit son origine à l'auxiliaire *tu;* ⲧⲁⲣⲓ serait égal à *tuà-er,* ou *tu-à-er-àr*[2]. Les futurs connus du démotique n'expliquent pas clairement la transition entre les deux langues. Le 2ᵉ futur de M. Brugsch, que cet auteur transcrit *aï en te* ou *àu-i-en-te* « je dirai, » résulte de l'insertion avant le verbe d'un petit trait oblique ⁄ que M. Brugsch interprète comme un *n*[3].

Le futur copte, obtenu par l'insertion de ⲛⲁ[4] a son correspondant exact dans le démotique, où l'addition paraît être le sigle correspondant à *àn* « venir, amener » (3ᵉ futur de la Grammaire de M. Brugsch); nous n'avons pas rencontré dans la langue antique le verbe *àn* employé dans ce sens, ni la particule pour le futur. Le verbe antique *na* « aller, venir, » peut aussi avoir servi de type primitif au ⲛⲁ du futur copte, mais nous n'avons pas encore de forme intermédiaire qui éclaircisse cette question d'origine.

---

[1] *Denkm.* III, 32, l. 12.

[2] Je ne rapporte pas ⲧⲁⲣⲓ au type *ta,* parce que ce dernier est surtout causatif.

[3] Le premier futur de la *Grammaire dé-*motique de M. Brugsch n'est que l'aoriste présent : l'exemple cité p. 140, *tu-i-reχ ran-k,* doit être traduit au présent : « je connais ton nom. »

[4] *Temps,* IX, X et XIII de M. Peyron.

IMPÉRATIF ET OPTATIF.

315. La phrase égyptienne se prêtait à beaucoup de nuances, depuis l'impératif absolu jusqu'à l'optatif et au précatif le plus respectueux. La forme la plus brève de l'impératif ne comportait, comme dans beaucoup de langues, que le thème verbal invariable, un infinitif : ainsi ⸺ *ân* « apporte » est en tout semblable à ⸺ *ân* « apporter. » ⸺ *ân en-nâ per-tu*, « apporte-nous des semences, » dit *Anpu* à son frère. — Le copte a conservé cette forme absolue[1].

316. Le présent aoriste simple servait aussi pour l'impératif : ⸺ *sotemk*, signifie aussi bien : « écoute, » que : « tu écoutes, » ou : « tu entends. » Cette forme impérative s'est perdue en copte, avec tous les usages du temps conjugué simple ; mais elle existait encore dans le démotique, où M. Brugsch cite pour le pluriel *sotem-ten*[2] « écoutez. »

C'est à cette forme et à une des formes suivantes que s'appliquent surtout les variantes emphatiques de l'affixe personnel : ⸺ *ruk*, ⸺ *ruf*; ⸺ *âruk*, ⸺ *ârut*, ⸺ *âruf* et ⸺ *âruf-ten*, ⸺ *âruf-sen*. ⸺ *sotem-ruk* « écoute, » ⸺ *sotem-âruf-ten* « écoutez. » — La 2ᵉ personne du pluriel, *sotem-âruf-ten* se lit dans un très-ancien exemplaire du *Rituel funéraire*, comme variante de ⸺ *sotem-ten*[3].

La variante suivante redouble explétivement les signes du pluriel : ⸺ *sotem(u)-âruf-ten*[4] « écoutez ! »

---

[1] *Pap. d'Orbiney*, II, 9. Comparez Champollion, n° 279 : l'interjection est accidentelle et ne change rien à la forme. Comparez Peyron, *Grammaire*, p. 118.

[2] Voyez Brugsch, *Gramm. dém.* exemple cité au futur.

[3] Musée du Louvre : Rituel du grammate *Tenana*.

[4] *Denkm.* III, 13.

Il faut se garder de confondre cet impératif avec les cas où le pronom *ruf*, *àruf*, etc. est régime du verbe, comme dans l'exemple suivant :

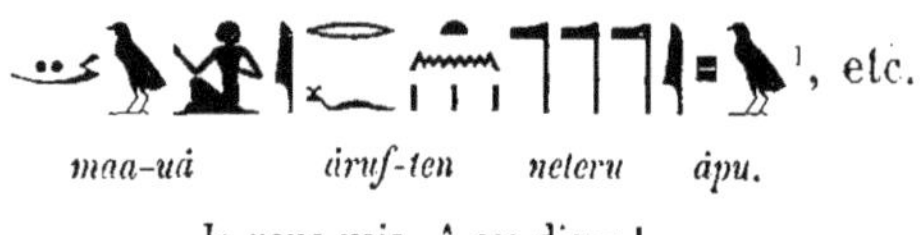

maa-uà　　àruf-ten　　neteru　　àpu.

Je vous vois, ô ces dieux !

La lettre ⌇ s'ajoute ici quelquefois à l'affixe, sans changer le sens en aucune façon, comme nous l'avons vu pour d'autres temps. ⟐ *šep-en-ten* signifie : « prenez, » aussi bien que : « vous prenez, » ou : « vous avez pris. » Le sens général est le seul guide en pareil cas.

L'impératif tiré, soit de la forme absolue du verbe, soit de l'aoriste, pouvait recevoir l'auxiliaire ⟐ *hā* « stare, » qui ne paraît avoir ici d'autre valeur que celle d'une interjection. Le Papyrus d'Orbiney fournit encore ici des exemples pour les deux variétés (pl. VI, l. 9) : ⟐ *hā-ṭi er hat-to* « reste (là) jusqu'au point du jour, » dit *Bata* à son frère aîné, au moment où le fleuve les a séparés.

Un peu plus haut, il avait demandé des semences à sa belle-sœur, dans les termes suivants : ⟐ *hā-ṭa-t nà per-tu* « donne-moi des semences[2] ! »

Beaucoup plus fréquente est l'addition de l'auxiliaire ⟐ *àr*, qui ne semble rien changer au sens : ⟐ *àr-ek-hā* « Arrête-toi ! » C'est la locution qu'emploie l'écuyer de Ramsès II, voulant modérer l'ardeur de son maître, au poëme de *Pentaur* (Karnak, l. 49) « fais l'acte d'arrêter. »

317. Un petit nombre de verbes coptes avaient conservé un im-

---

[1] *Todtenbuch*, 94, 2.

[2] Par une faute de copiste très-fréquen-te, les deux personnages ⟐ et ⟐ sont confondus dans cet endroit du manuscrit. Voyez *Papyrus d'Orbiney*, pl. III, l. 1.

pératif spécial, formé du radical avec le préfixe ⲥ. Nous rencontrons, dans l'égyptien, un impératif tout semblable, composé avec un préfixe à, lequel ne diffère en rien, comme orthographe, de celui qui forme des prétérits[1]. Le verbe y est ordinairement dépourvu d'affixe. La belle-sœur de *Bata* lui dit, quand il vient chercher des semences[2] :

à-šemi *à-un* *pa-mākrà*.

Va! ouvre le magasin.

318. Cette forme absolue est la plus usitée en copte comme en égyptien, mais l'impératif du verbe ⲗⲟ « cessare, » ⲥⲗⲟⲕ « desine, » ⲥⲗⲱⲧⲛ « desinite[3] » montre que les affixes pouvaient également s'y adjoindre avec certains verbes. — Je trouve ainsi l'affixe ~~~ *nek* dans l'allocution au crocodile du papyrus magique Harris[4] :

à-ḥā-nek *māka* *se* *set*.

Arrête-toi, *Maga*, fils de *Set*.

319. A la 1re et à la 3e personne, l'impératif tourne à l'optatif; ici les affixes personnels sont nécessaires. Au *Récit des deux frères*, le fleuve, devenu amoureux de la fille des dieux, dit au cèdre : [5] *à-meh-na àm-s(t)* « que je m'en empare! » pour « puissé-je la posséder! » — De même, à sa naissance, Hathor, sans doute jalouse de sa beauté, lui avait jeté ce vœu de mauvais

[1] L'origine peut en être différente, il est très-naturel de la chercher dans l'exclamation à! en copte ⲉⲧⲓ.

[2] *Pap. d'Orbiney*, III, 1.

[3] Cet impératif est un des rares exemples où l'affixe a gardé sa place originelle après le radical, dans la forme simple du verbe copte.

[4] *Pap. Harris*, VI, l. 8. Cf. Chabas, *loc. laud.*

[5] *Pap. d'Orbiney*, IX, 9.

augure : [hieroglyphs] *â-âri-s mer ṭemt*[1] « qu'elle fasse (une) mort de meurtre! »

On voit que le pronom affixe apparaît ici indifféremment avec ou sans l'*n* [hieroglyph] additionnel[2].

320. La syllabe [copte] est, en copte, l'impératif usité pour le verbe [copte] « donner; » elle est évidemment empruntée, dans ce sens, au thème égyptien [hieroglyphs] *mā* « don, donner, » et elle sert à former une série d'impératifs coptes. La même syllabe est employée, dans l'égyptien, pour l'impératif et le précatif, mais les scribes ne l'écrivent pas, dans cet emploi, comme [hieroglyph] *mā* « donner. » On trouve les variantes [hieroglyphs], *mā;* [hieroglyphs] et, plus tard, [hieroglyphs] avec le signe du désir [hieroglyph]. La forme [hieroglyphs] *mā-âi* est originellement l'impératif du verbe [hieroglyph] *âi* « aller, venir, » qui forme un auxiliaire complexe; exemples de [hieroglyph] ou [hieroglyph] avec le sujet substantif :

mā-âri   pe sar   en Beχtan   âb   āa.

Que le prince de Bakhtan fasse une grande offrande.

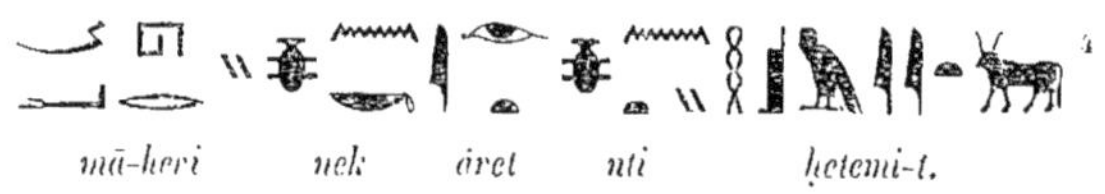

mā-heri   nek   âret   nti   ḥetemi-t.

Que soit doux pour toi le lait de la vache sacrée *Ḥetemi!*

---

[1] *Pap. d'Orbiney*, IX, 6. Passage traduit par MM. Goodwin et Chabas.

[2] La forme démotique *âm* « veni, » correspondant au copte [copte], est tirée par M. Brugsch, de l'exclamation [hieroglyph] *a!* Je crois qu'elle vient directement, par l'hiératique, du préfixe [hieroglyph] avec un radical *ma* « aller, » qui reparaît dans *maša* et *šemi* « aller, » comparés à *še* [copte] « aller,

venir. » (Voyez Brugsch, *Grammaire démotique*, p. 150.)

[3] Stèle du prince de *Bakhtan*, l. 22. Comparez Champollion, *Gramm.* n° 279 et 281.

[4] *Šai en sinsin*, § 4 *bis*, mss. du Louvre. La composition de ce livre varie beaucoup; j'ai noté *bis* les sections qui ne se trouvent que dans un petit nombre de manuscrits.

Avec les affixes au verbe :

mai   sχa-á   nek   seχer-u.

Que je retrace à toi le portrait, etc.

321. La forme ⌐⌐ λ *má-ái* se rencontre souvent dans son sens primitif, comme impératif du verbe ⌐ *ái* « aller, venir; » on le trouve avec les affixes de la forme emphatique *áruk, áruften,* etc. ⌐⌐ λ⌐⌐⌐N *má-ai-áruk ásár N* [2] « Viens (ô toi) Osiris, un tel. »

Il s'employait ensuite comme simple variante de *má* ou *mái,* ce qu'on peut vérifier en comparant l'exemple suivant à celui que nous venons de citer ci-dessus :

má ái-setut-á   nek   pa-seχeru   náu.

Que je te dise le portrait du capitaine.

La locution suivante, dont il y a plusieurs exemples, s'explique très-bien par l'ellipse habituelle du verbe ⌐ *tut* ou ⌐ *setut* « dire : »

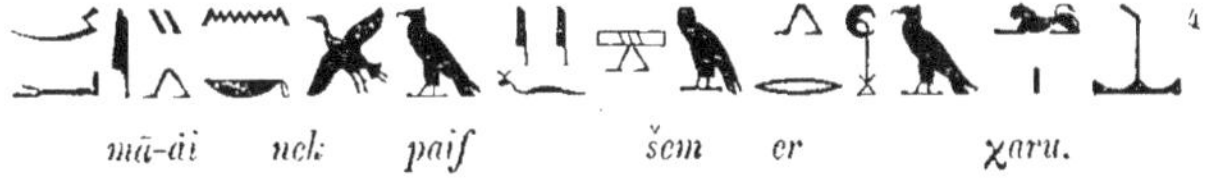

má-ái   nek   paif   šem   er   χaru.

Que (je dise) à toi son voyage en Syrie !

Cette formule, toute littéraire, d'optatif revient exactement à : « je voudrais te décrire, je voudrais te raconter, etc. »

---

[1] *Pap. Anastasi,* I, 27, 4.

[2] *Šai en sinsin,* §§ 1 et 6, tous les mss. du Louvre.

[3] *Pap. Anastasi,* III, 5, 5. Cf. *Anastasi,* IV, 9, 5.

[4] *Ibid.* l. 7.

322. *Ma* et *maï* se compliquent quelquefois d'auxiliaires, ce qui donne les formes *au-mai, er-mai, au-er-mai*. C'est ainsi que le décret de Canopus nous montre les formes *er-mâi, au-mâi*. Ligne 36 :

sχui   pen   er-mâi-(saχ)utf   ânet́ χetu em   ḥâ-u.

Le décret, que l'écrivent les conseillers des temples, etc. [1]

et ligne 35 :

âu-mâi-ta-tu   ḳaru en mes-u him-tu na   uabu ter   ḥau   mes   sen âm-f.

Qu'il soit donné des vivres aux filles des prêtres, depuis le jour où elles sont nées.

323. Une autre locution, qui paraît très-rare, se compose de la forme emphatique :  *mâ-ruf-ten*, placée après le verbe principal ; elle s'est rencontrée dans l'inscription de Pianχi-Meriamen, au milieu du discours que ce conquérant adresse aux Memphites, pour les engager à se soumettre sans combat (l. 86) :

maa-ma-ruf-ten ḥesep-tu tap res.

Considérez les nomes du commencement du midi !

Ce sont ceux que l'Éthiopien avait occupés pacifiquement [2].

324. *âmmâ* est une forme plus emphatique du même préfixe, que le copte ⲁⲙⲟⲓ « utinam » rappelle assez exactement : elle peut provenir de la jonction de   et , avec redouble-

---

[1] Dans cet exemple, le déterminatif appartient au sujet complexe *ânet́ χetu em ḥa-u* « conseillers, » mot à mot « les délibérants sur les choses dans les temples. » — [2] Il ajoute : « On n'y a tué personne, excepté les malfaiteurs. »

ment euphonique de l'*m*. *Ammā* s'abrége en *āmā* et *ām*.

Dans l'*Histoire des deux frères*, *Anpu* dit à son cadet, au temps des semailles :

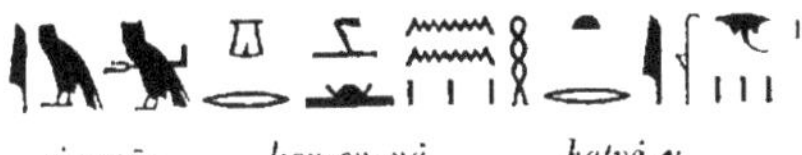

āmmā-　　　kar-en-nā　　　hatrā-u.

Prenons nos attelages (pour labourer).

L'impératif avec le préfixe *āmmā* était sans doute un précatif très-respectueux, car c'est celui que les sujets emploient à l'égard du roi, dans les conseils, etc. — Les capitaines de Toutmès III, délibérant sur la route à suivre pour atteindre Mageddo, disent au roi :

āmmā-　　sotem　en-na neb-na next.

Que notre seigneur victorieux nous écoute !

Dans le *Récit des deux frères*, la princesse dit au roi :

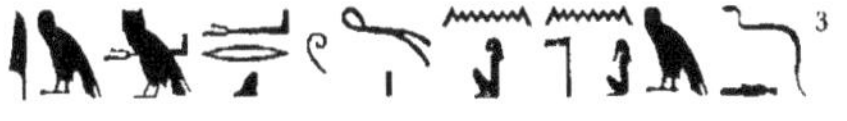

āmmā-　　ārcku　　nā en nuter em tut.

Jure par le dieu à moi, en disant, etc.

Les deux formes abrégées *āmā* et *ām* se lisent dans le récit du voyage du prêtre de *Khons*[4] : le prince de Bakhtan, parlant de la maladie de sa fille, dit au roi :

---

[1] *Pap. d'Orbincy*, II, 2. *Hatrā*, qui est le copte ⲤⲀⲦⲢⲈⲈⲨ «gemelli,» ⲤⲟⲦⲢ «conjungere,» peut s'appliquer ici à des bœufs ou à des chevaux indifféremment.

[2] *Denkm.* III, 32, l. 5.

[3] *Pap. d'Orbincy*, XVI, 6. Cf. *ibid.* XI, 5 et 6; X, 4; XVIII, 1, etc.

[4] *Stèle du prince de Bakhtan*, l. 9 et 14. *Rex χet*, sujet complexe, mot à mot «un sachant les choses.»

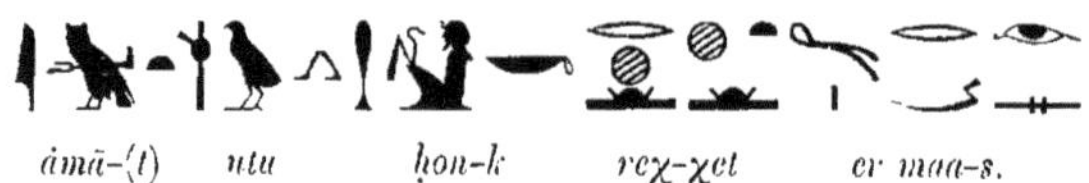

ȧmȧ-(t)   utu   ḥon-k   reχ-χet   er maȧ-s.

Que ta Majesté envoie un savant pour la voir.

A sa seconde visite, le même prince demande au roi l'intervention d'un dieu en personne :

ȧm-utu   ḥon-f   er-tȧ   ȧu-tu nuter.

Que sa Majesté ordonne qu'on fasse amener le dieu.

Ici l'emploi de la 3ᵉ personne est encore à noter comme une forme plus respectueuse.

325. Nous remarquons, dans le même récit, une manière encore plus adoucie de présenter la demande, et nous pensons qu'elle a réellement la valeur du conditionnel : elle résulte des auxiliaires ȧu et ȧr réunis. Ainsi le roi prie *Khons nofre hotep* d'intercéder auprès de *Khons pe ari-seχeru* (deux personnifications de la même divinité), afin qu'il le décide à faire le voyage de *Bakhtan :*

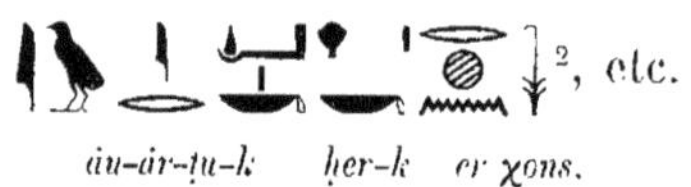

ȧu-ȧr-ṭu-k   ḥer-k   er χons.

Cette tournure équivaut à : «Si tu voulais placer ton visage vers *Khons* (pour lui demander). »

Une autre formule, de même valeur, est tirée du participe; nous l'étudierons plus loin, ainsi que les formules où l'optatif n'est

---

¹ Cette forme *ȧm*, abrégée du précatif *ȧmmȧ*, est rare; il faut prendre garde de la confondre avec le prohibitif *ȧm*, qui s'écrit de même. (Voyez ci-après n° 396.)

² Stèle du prince de *Bakhtan*, l. 14. (Pour *ȧr* indiquant le conditionnel, voyez ci-après n° 327.)

indiqué que par le sens du discours et l'enchaînement des membres
de phrase.

DU SUBJONCTIF.

326. Champollion (*Grammaire*, n° 280) donne, pour le subjonctif trois formules qui démontrent elles-mêmes la non-existence
d'un mode caractérisé par des flexions particulières. Les deux pre-
mières : 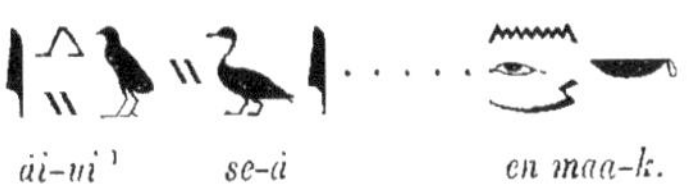 *ta-sen šep-à sennu*
« ils m'accordent (que) je reçoive des pains, » et
ma-ai maa-nek tef-k « viens (que) tu voies ton père, » ne
sont autre chose que les deux premiers aoristes ; l'état subjonctif
n'y résulte que de la dépendance établie par le sens, pour le second membre de la phrase par rapport au premier.

La forme que Champollion nomme *présent du subjonctif* montre
encore les aoristes sans aucun changement : seulement le verbe dépendant est joint au premier par une particule qui est ⟨⟩ *er* ou
n, indiquant le but de l'action :

ài-ni [1]   *se-à*   *en maa-k.*

Viens ! mon fils, pour (que) tu voies.

Ce *n* a passé dans le copte et y a formé un temps mieux défini [2],
en s'agglutinant avec les affixes et avec le verbe dépendant : le
memphitique et quelques personnes du sahidique empruntent l'initiale *nt*; m. ⲚⲦⲀ, ⲚⲦⲈⲚ, etc. s. ⲚⲦⲀ, ⲚⲦⲚ, etc. à la particule
antique plus complète *nte*, qui est l'expression favorite de l'idée
générale de relation [3]. Nous reviendrons sur le subjonctif en étu-

---

[1] Cette forme d'impératif n'est autre
chose qu'un participe avec la terminaison
ni. (Voyez ci-après n° 338.)

[2] Voyez les XIVᵉ et XVᵉ temps de
M. Peyron (*Gram. copte*, p. 90 et 106).

où la particule décèle clairement l'origine
du temps, par la faculté qu'elle a conservée d'être séparée du verbe par le sujet
substantif.

[3] M. Brugsch cite dans sa Grammaire

diant les modifications déterminées par les diverses particules conjonctives et par l'enchaînement des phrases.

Dans les récits, quand l'ordre des faits exige le prétérit antérieur dépendant, que nous rendons par le plus-que-parfait du subjonctif, on se sert ordinairement du temps composé avec ■ ⟋ *pu* et ⟋ *àri* (voyez ci-dessus, n° 297) ⟋ *per pu àri* « cum exisset. »

Nous avons dit aussi qu'on pouvait considérer comme appartenant au subjonctif les cas où l'aoriste est gouverné par une particule :

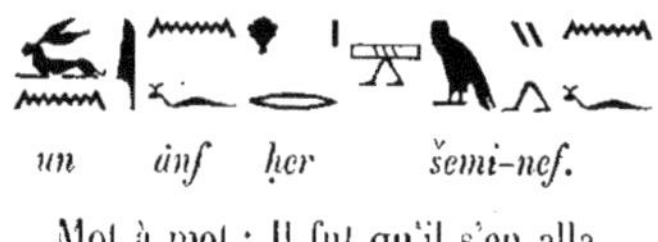

un   ànf   her   šemi-nef.

Mot à mot : Il fut qu'il s'en alla.

Mais aucune de ces circonstances n'amène une vraie modification de la conjugaison.

DU CONDITIONNEL.

327. Le conditionnel présente, dans les temps composés, quelques formules bien déterminées. L'auxiliaire ⎹ « *àr* être » répond ici au copte ε, marque spéciale du doute; le p est tombé comme presque partout dans la grammaire. Le copte ajoute à cet ε certains auxiliaires, suivant les nuances du doute : εϣϣⲡε ne préjuge pas la réponse, s'il y en a; εⲓⲉ exprime un doute dans le sens négatif. Dans le sens affirmatif, on emploie ⲓⲥϫε, (sah.) εϣ-ϫε. ϣⲁⲛ[1] implique une idée de temps; la phrase pourrait alors se tourner par : « lorsque. »

hiéroglyphique (p. 52) une forme du subjonctif ⟋ *ntif* « qu'il, » tirée de la stèle d'Alexandre II, qui amène directement au copte; mais je ne l'ai encore rencontrée dans aucun texte pharaonique et je

la crois d'usage très-récent dans la langue.

[1] ϣⲁⲛ, qui n'a pas encore son correspondant dans les hiéroglyphes, doit être en rapport avec le radical χεⲛ, dans ⎹ (1) *s-χεⲛ* « accidit. »

Le dubitatif ⌐ *ar* s'employait dans la prévision d'une réponse soit affirmative, soit négative, indifféremment. Dans la stèle des mineurs d'or, Ramsès II, parmi les adulations de ses conseillers, entend la phrase suivante :

ar   ab-k   seχer em   korah   hat-ta anf-χeper.

Si   concipias consilium in   nocte,   mane illud fit.

Le courtisan ne veut pas exprimer un doute sur la réussite, il suffira au roi de vouloir. Au contraire, dans l'exemple suivant, tiré du *Conte des deux frères*, la princesse compte bien que le roi ne laissera pas la vie au taureau, dans lequel s'est changé son mari, lorsqu'elle lui dit :

χer   ar-tu-k   anχ-f au-a   er   mer-na.

Quod si sinas vivere eum, ego moriar.

328. La particule dubitative ⌐ *an* jointe à l'auxiliaire ⌐ semblerait incliner vers la réponse négative, comme le copte ⲉⲛⲉ ; prise interrogativement, elle répond au latin *num*, dans l'exemple suivant, où les dieux plaignent *Bata* de sa solitude : «Ô *Bata!* taureau des dieux!» :

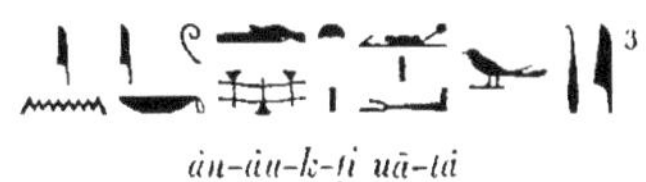

an-au-k-ti ua-ta

Num manebis solus?

An au appelle également une réponse négative dans la phrase

¹ Voyez Prisse, *Monuments*, XXI, 13.   ² *Pap. d'Orbiney*, V. 3.
Cf. même tournure. *ibid.* I. 17.   ³ *Ibid.* IX, 2.

suivante : il s'agit de choisir entre deux routes proposées pour l'armée de *Toutmès III* dans le conseil de guerre; après avoir parlé du chemin direct, les généraux disent au roi :

àn-àu   hon-f   t'au   ḥer   ki   mäṭen   àuf-ḥer   er sent en nà.

Si rex transeat per aliam viam, ipse discedit timens nos.

C'est le discours qu'ils prêtent en ce cas aux ennemis.

La même formule se prêtait néanmoins au simple conditionnel de temps, comme le copte ϣⲁⲛ : on trouve, au temple de Dendérah, toute une série d'invocations à Osiris qui sont conçues sur le modèle suivant : *àn-àu-k-em* « si tu es dans tel temple, tu y prends tel nom, on te fait telle cérémonie, etc. » *àn-àu* est ici évidemment pour ϣⲁⲛ *lorsque tu es* [2].

329. Ainsi que le montre le premier exemple ci-dessus, cette formule est souvent détournée à un sens interrogatif[3]; exemple : (inscription de Pianχi, l. 67) Pianχi, faisant des reproches à un prince sur sa négligence, l'apostrophe ainsi :

---

[1] *Denkm.* III, 31 *b*, l. 45. On a pris, dans cette phrase, le groupe pour un seul mot, dans lequel l'oie plumée déterminerait *heri* « craindre. » Mais l'oie n'est pas un déterminatif idéographique, elle n'exprime le mot *sent* « craindre, » que par suite de sa valeur phonétique, égale à .

[2] Au 18ᵉ nome, par exemple, on dit à Osiris :

àn - àu - k   em Sap   em χent seḥi

maa   se - k   am   àn - matef   ḥor pu.

Cum sis in *Sap*, in templo *Seḥi*, vides filium tuum sicut sacerdotem : Horus est, etc.

An-mutf est le nom d'un ordre de prêtres. (Voyez Duemichen, *Recueil de monuments*, IV, 28.)

[3] C'est ainsi que nous avons vu plus haut le conditionnel , *àuàr-tu-k ḥa-k* « si tu tournais la face, » employé pour le précatif. (Voyez n° 309.)

àn-àu-χem-nek   nuter χaibi her-à.

Est-ce que tu as mis en oubli la divine ombre de ma face?

Àn-àu redoublé indique une alternative (Mariette, *Monuments de Gebel-Barkal*, stèle du songe, revers, l. 9) : le roi éthiopien, à qui l'on apprend l'arrivée des princes de la basse Égypte, répond :

àn-àu-ài-sen er   χerau   àn-àu-ài-sen er   bak.

Est-ce qu'ils viennent pour combattre? (Ou) est-ce qu'ils viennent pour se soumettre?

D'autres tournures impliquant la condition ou le doute résultent soit de la relation seule des parties du discours, soit du jeu des particules; elles seront étudiées plus loin.

DE L'INFINITIF.

330. Nous avons déjà rencontré l'infinitif, qui n'est que le radical lui-même, dans les divers temps composés où il est régi par les particules telles que *ha* et *er*. On le trouve aussi avec les particules *m* et *n*, ou dépendant directement d'un autre verbe; il suffira d'en citer un exemple : la femme d'*Anpu* se donna toutes les apparences d'une femme qui aurait été violentée, pour accuser faussement son beau-frère :

en-àbu   tut-en   pais-(t)-   hai, etc.

En voulant dire à son mari, etc.

De ces deux infinitifs, le second est gouverné par *abu* « vouloir, désirer, » et le premier par *n*.

---

[1] *Pap. d'Orbiney,* IV. 7.

La particule 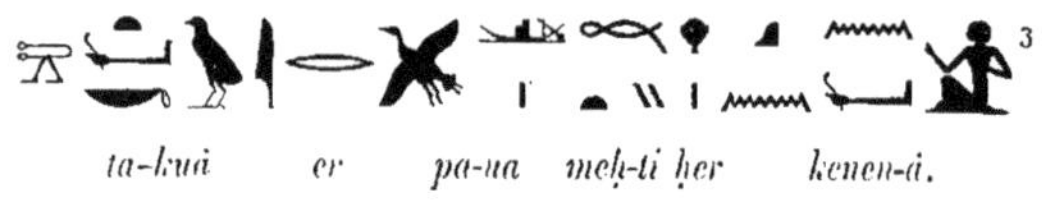 *er*, régissant un verbe, indique généralement un but, un motif, mais quelquefois aussi simplement l'état d'action. *er tuṭ* « en disant » est une locution qui annonce les moindres discours; mais il est à noter que, de même que le copte ⲬⲈ, qui l'a remplacée, elle arrive à la valeur d'une simple conjonction avec le sens de « parce que, à cause de, » ou simplement « que[1] : » c'est ce qui explique pourquoi elle n'est pas toujours suivie de paroles prononcées.

331. L'infinitif gouverné par *ḥa, ḥer*, peut donner lieu à quelques observations intéressantes. Nous avons vu qu'un infinitif ainsi construit pouvait former un sujet complexe; par exemple, dans la phrase déjà citée de l'inscription d'Ahmès : *un χer-á ḥer šes ati :* construisez ainsi le mot à mot : « de servir le roi était à moi (mon office était de servir le roi). »

Une autre particularité remarquable consiste en ce que le verbe ainsi gouverné par la particule peut néanmoins recevoir un sujet, affixe pronominal : l'infinitif devient alors un nom verbal (*masdar*). Le même récit en fournit un exemple excellent :

ta-kuá   er   pa-ua   meḥ-ti ḥer   kenen-á.

Je partis pour la flotte, au nord, pour me battre; (analysez ainsi : Pour mon (action de) combattre.

---

[1] Nous l'étudierons plus loin à ce titre. (Voir l'exemple ci-après n° 325.)

[2] Voyez *Mémoire sur l'inscription d'Ahmès*, p. 183, pour l'étude de cette tournure de phrase.

[3] Voyez *Mémoire sur l'inscription d'Ahmès*, p. 170. C'est une tournure complétement sémitique et qui s'explique facilement par les règles du *masdar* arabe,

auquel on doit comparer le nom verbal égyptien dans toutes ses propriétés grammaticales. — *P-ua meḥ-ti* peut signifier aussi « le navire nommé *meḥ ti;* » cependant, en pareil cas, le nom du navire est suivi habituellement du déterminatif ; c'est ce qui nous engage à conserver notre ancienne traduction.

332. Il n'est pas rare de rencontrer un verbe à l'infinitif, mis comme titre, dans les tableaux, au-dessus d'un acte représenté; dans cet usage, il se confond avec le nom d'action. Le verbe principal prend souvent, dans ce cas, l'auxiliaire *mâk* (voyez le n° 191). Cette locution est très-fréquente dans la décoration des tombeaux. *mâk teref* « danser, sauter, » se trouve sur tous les tableaux d'exercices gymnastiques.

333. L'infinitif actif, en devenant nom verbal, ne cesse pas pour cela de conserver son régime direct; de plus il devient susceptible de recevoir l'article simple ou possessif, tout comme un substantif ordinaire. Cette double nature du nom verbal produit des tournures de phrase dont l'analyse pourrait embarrasser les personnes qui ne sont pas familiarisées avec les grammaires sémitiques.

Dans un passage du conte des deux frères, *Bata* explique à *Anpu* qu'il va se changer en un taureau sacré, qu'*Anpu* le conduira au roi et qu'il sera largement récompensé :

her   pai-k-   áta-á   er   per-áa   á-t-s.

Pour ton (action d') amener moi au Pharaon.

Áta est ici un nom verbal : il prend, à ce double titre, et l'article possessif *paik*, comme nom, et le régime affixe *á*, comme verbe.

Il est à noter que, suivant le génie des verbes égyptiens, où la notion du temps reste si habituellement sans note précise, le nom verbal pouvait s'appliquer au présent, au passé et au futur. Au papyrus Abbott, *Psar*, gouverneur de la ville de Thèbes, dit aux gens des tombeaux : « Si votre déclaration n'est pas exacte[1] : »

---

[1] *Pap. Abbott*, V, 15. Cf. Chabas, *loc. laud.*

pai-ten-   *á-hai*   *pa-ári-ten.*

Analysez : « le de vous expier le faire de vous, » c'est-à-dire :
« vous expierez ce que vous avez fait, » le premier nom verbal exprimant un futur, et le second un prétérit. Cette phrase montre
d'ailleurs deux variétés dans la manière d'attribuer l'action au sujet
par les affixes : les deux locutions ne s'analysent pas de même, la
première répond à : « votre expier[1], » et la seconde à : « l'acte de
vous. »

Dans cet emploi, avec le nom verbal, l'article *pa* se rapproche
beaucoup de sa valeur radicale, qui est le verbe « être. » Ainsi,
dans la phrase suivante, adressée par Ramsès II à ses soldats, qu'il
se vante d'avoir sauvés :

pa-ten   *sĕsemi*   *pa-nifu.*

Votre respirer l'air, ce qui signifie : Vous respirez l'air; c'est-à-dire : Vous êtes encore vivants,

on comprend fort bien que l'article possessif inclut l'idée du verbe
« être. » Il en est de même de cette phrase du même discours :

paiten-   *χāa-uā*   *uā-kuā*   *em*   *χennu*

pa-χeruu.

Votre (action de) m'abandonner, moi seul, au milieu des ennemis (pour : Vous m'avez
abandonné), etc.[2]

---

[1] Dans celle-ci le signe du pluriel est
explétif, il n'est pas grammatical, puisque l'article *pai-ten* est au singulier. La

nuance précise du mot *ăhai* est un peu
indécise.

[2] Le *Récit des deux frères* emploie deux

La forme suivante, que je rencontre dans l'*Histoire des deux frères*, appartient à un *masdar* formé avec le futur de l'infinitif; *Bata* jura à son frère en lui disant :

ár   paik-er-χoṭebu(k)   em   kar.

Ton action d'être pour me tuer est un crime [1].

Toutes ces qualités spéciales, appartenant à l'infinitif devenu nom verbal, méritent d'être étudiées avec un grand soin.

334. Au lieu d'être gouverné simplement par un premier verbe, ou régi par une particule, le verbe à l'infinitif peut dépendre de tout un premier membre de phrase. C'est ainsi que dans le décret de Canopus, après divers *considérants*, le *dispositif* est mis presque partout sous la forme de l'infinitif; le résumé du raisonnement est : «attendu tels faits, faire telle chose,» pour «on fera, ou qu'on fasse;» en sorte que l'infinitif est ici pour le futur ou l'optatif, pris dans le sens d'un ordre. Deux fois seulement l'optatif est indiqué formellement par *àu-mai, er-mai* (voyez n° 306 ci-dessus); partout ailleurs, les prescriptions sont introduites par le simple infinitif (actif ou passif suivant les cas), ou par l'aoriste. C'est ainsi qu'à la ligne 11 on lit :

er-t-á   em áb-sen án   uab-u na   to-mer   áu   s-uer   ser-χet-u.

Ont mis dans leur cœur les prêtres de l'Égypte (d')augmenter les honneurs, etc.

fois le *masdar* :  ꟼ *paisen rā beku* «leur ouvrage,» ce qui doit être analysé «leur acte de travailler.» L'auxiliaire *rā* vient renfor-

cer l'idée de l'acte. (Voyez *Pap. d'Orbiney,* II, 7, et IV, 9.)

[1] *Pap. d'Orbiney,* VII, 8. Le ⟿ de χoṭebu-k est fautif; il faut évidemment , s'il y avait un régime exprimé.

Suivent toutes les dispositions prescrites, qui sont introduites ainsi par des infinitifs.

De même (l. 13), après le considérant sur les bienfaits résultant de la naissance du roi, les choses décrétées en conséquence sont introduites, sans autre marque de commandement, par les infinitifs 𓀀 *ṭa-ut* « être mis, (qu'on mette) » : 𓀀 *χep* « être, (qu'il soit,) » etc.

Cette tournure, qui rappelle le *que* retranché du latin, se reproduit dans toute la longueur du décret, et le génie de la langue grecque a permis au traducteur[1] de la calquer exactement.

DES PARTICIPES.

335. Les participes, dont les formes se confondent parfois avec celles de l'adjectif verbal, sont assez usités dans la langue ancienne[2]. Pour la première forme, nous retrouvons encore ici le radical pur et sans flexion, auquel on ajoute assez souvent l'homme 𓀀 comme complément grammatical : ainsi de 𓀀 *χenen* « être violent, en désordre, » on forme le composé 𓀀 *χenen* (ou *χenen-ḥati*, si le 𓀀 n'est pas simplement déterminatif), « le violent. »

336. Champollion enregistre (*Gram.* n° 283), comme une forme appartenant au participe présent, celle du premier aoriste avec les affixes, quand il est accolé à un substantif sans autre marque de liaison. Comme traduction, cette appréciation rend bien compte du sens ; mais on pourrait prétendre, tout aussi bien, que ce n'est pas là un véritable participe, et que ces locutions contiennent l'ellipse si usuelle du relatif 𓀀 *nti* « que, qui. » Ces

---

[1] Je dis le traducteur, car le texte égyptien, contenant quelques particularités de plus, me paraît avoir été la première rédaction. — [2] Voyez Champollion, *Grammaire*, n° 283.

phrases ne présentent du reste aucune obscurité. Ainsi, dans le premier exemple du numéro que nous discutons :

ân-sotem-sen   tut-u   neter pen   âa   âpap-f   her   krer-sen.

Ils n'entendent pas les paroles de ce dieu grand, s'élevant sur leur zone,

le verbe ▢ *âpap-f* peut être un participe « s'élevant » ou un aoriste avec l'ellipse ⌇ *nti* « qui s'élève. » Cette tournure est très-fréquente.

337. La première forme spéciale du participe actif ou neutre résulte de la finale ▯▯ ou ▯▯▯ avec l'homme pour déterminatif : quelquefois on écrit ▯▯, ▯ *iu* et ▯▯ ou bien ▯, ▯ *ui*. Le féminin en ▯▯ *it* a donné une forme pour les noms abstraits, comme ▯ *suten-it* « royale » pour « royauté. » Le pluriel prend la finale ▯, ▯▯, ▯▯▯, ▯, ou ▯▯▯ *iu* : c'est celle que nous avons étudiée dans les adjectifs dérivés[1] : exemples : ▯▯ *kari* « malfaisant, le malfaiteur; » ▯▯ *Bai-ânχi* « âme vivante; » ▯▯▯ *âuaiu* « les brigands[3]. »

Dans les textes antiques surtout, on trouve parfois la voyelle ▯ *u*, en variante de ▯▯ *i*, comme finale du participe actif :

tcmet-u kefenu.

Complet en zèle[4].

---

[1] Voyez ci-dessus n° 162.
[2] Stèle d'*Antef*, musée du Louvre.
[3] Stèle du roi *Aï*, au musée de Berlin.

[4] Je crois que *kefenu* « cuire, chauffer » doit avoir ici un sens métaphorique. (Mus. du Louvre, stèle C. 162.)

Cette phrase fait partie des éloges adressés au défunt sur une stèle du Louvre.

Le participe terminé par *i* se concilie avec les affixes-sujets. Au tombeau de *Séti Ier*, la déesse *Mä*, couvrant le roi de ses ailes, a pour légende :

χ*ui-s(t) sa-s neb to-ui.*

Elle protégeant son fils, le seigneur des deux mondes (pour : elle protége).

Toutes ces formes peuvent recevoir très-régulièrement l'article, tout comme un substantif. Ramsès II dit, au poëme de *Pentaur*, de ses ennemis culbutés devant son char :

pa-hai   neb   âm-sen   ân   tes-f-   su.

Tous ceux d'entre eux qui tombent ne se relèvent pas (mot à mot : Le tombant chaque d'entre eux).

338. L'addition d'un *t* final forme aussi des participes actifs. Cette valeur du *t* s'est conservée en copte, tant dans la finale du participe passif — ⲏⲣⲓⲧ, que dans le préfixe ⲉⲧ des participes présents. On peut distinguer trois formes, 1° *ta*, variantes : *t* ou *t*; 2° , variante : *ti*; 3° , *tu*, qui ne semblent pas se confondre entièrement dans l'usage.

A la 1re forme[1], on doit remarquer que, dans quelques manuscrits, l'orthographe *ta* est réservée pour le féminin, et servant au masculin; mais la distinction, qui devait impliquer une différence dans la prononciation, n'est pas constamment observée dans l'écriture. En effet, on trouve souvent l'expression χ*ā-t* « couronné » appliquée au roi. Le choix entre et ne semble souvent dicté que par les habitudes ou les convenances des écri-

[1] Voyez Champollion, *Gram.* n° 283 à la fin.

vains : ainsi  *ānχ-t* « vivant ou vivante » forme un meilleur groupe que ; mais on écrira ou indifféremment[1].

La finale *it*, qui forme des noms abstraits, n'est autre chose, en réalité, que le féminin du participe : *meri-t-ef* « son amour » est, mot à mot, « son (action) aimante. »

339. Il ne faut pas négliger ici un emploi très-curieux de ce participe pour une des formes polies de l'impératif ou du précatif. Le dieu Khons est ainsi salué, à son arrivée à Bakhtan, par l'esprit possesseur qu'il venait d'expulser[2] :

ai-t em ḥotep nuter āa.

Viens en paix, ô grand dieu! (Mot à mot: venant en paix).

Le scribe de Toutmès III se sert de la même tournure dans la grande stèle de Boulaq; Amon dit au roi[3] : *ai-tă nă*, et le contexte montre bien qu'il faut traduire : « venant à moi, » pour : « viens à moi! » et non pas « je suis venu[4]. »

On lit aussi, un peu plus loin, dans le même monument :

ḥā-tă   maa   nefer-ă.

Réjouis-toi, en voyant mes bienfaits[5]!

[1] Je rencontre, dans le *Conte des deux frères*, un participe féminin en , gouverné par , qui semblerait exiger l'infinitif; la première vache ayant averti *Bata* du danger qu'il courait, la seconde vache arrive : *āu-s(t) her iut-ta-f em mati* « ipsa allocuta est eum similiter. » Mais il est bon de remarquer que le manuscrit n'est pas très-correct : la tournure *iut-ta-f* pour « disant à lui » aurait elle-même besoin d'être justifiée par d'autres exemples.

[2] Voyez *Étude sur la stèle du prince de Bakhtan*, p. 43, l. 19.

[3] *Étude sur divers monuments du règne de Toutmès III*, p. 11.

[4] L'exemple cité, n° 326, *ai-ui* « viens! » montre que cette valeur n'était pas réservée au participe en *t* final. Les exemples de la 2ᵉ personne terminés en , que M. Brugsch cite dans sa nouvelle *Grammaire*, n° 130, s'expliquent par ce principe.

[5] *Maa* est probablement ici le parti-

340. Le signe 𓅂, où la forme de l'oiseau varie souvent, équivaut à la syllabe *ti*, dont il est l'homophone régulier dans les bas temps. Dans l'ancien style, il est surtout employé comme finale du participe et de l'adjectif verbal. Nous en avons déjà parlé ci-dessus[1], et nous nous bornerons à faire figurer les exemples suivants : *mā-tiu* « les justes; » *as-tiu* « les pervers, » etc.

341. L'affixe 𓏲, *tu*, quelquefois écrit 𓏲, *ut*, est habituellement consacré au participe passif, mais le vague des voyelles l'amène bien souvent à la place des formes ▭, ||, ▬. La vocalisation indiquée par le groupe *tu* se liait peut-être mieux avec les affixes personnels, car c'est celle qui est usitée en pareil cas :

tāua-tu-ā neferu-k[2].

(Sum) celebrans ego dona tua.

Cette phrase est tirée d'un hymne au soleil : on y remarquera l'emploi du participe pour le présent de l'indicatif, ainsi qu'on le pratique fréquemment en arabe et en hébreu; cette tournure est aussi très-familière à l'égyptien.

La place du sujet affixe varie encore dans cette formule; ainsi l'on rencontre : *ái-k-tu*, aussi bien que : *ái-tu-k*, signifiant l'un et l'autre : « viens tu, » pour : « tu viens. »

À la formule précative du participe, que nous avons déjà signalée, il faut ajouter encore ici la combinaison de la finale *tu* avec le préfixe *mā*[3] de l'impératif :

cipe *videns;* l'infinitif eût amené une particule ? ou ▬ avant le verbe.

[1] Voyez le n° 162. On connait les variantes de formes : 𓅂 . 𓅂 . 𓅂 . 𓅂 . 𓅂 . 𓅂 . 𓅂 . 𓅂 . et plusieurs autres :

les caractères de cet oiseau ne sont pas bien tranchés; il se confond souvent tout à fait avec la forme de l'aigle 𓄿.

[2] Musée de Leyde, pilier de *User-ḫā.*

[3] Voyez le n° 320.

mā-sabi-tu-nek   *seχet*   *hotepu.*

Puisses-tu traverser le champ de *Hotepu* [1] !

342. La finale *tu* peut s'augmenter de l'*n*, qui doit faire incliner le sens vers le prétérit, quoique le participe reste actif. Ce participe peut remplacer l'aoriste présent, tout comme le précédent. Deux exemples, tirés de la grande allocution de Ramsès II à son père Séti, feront voir que l'affixe sujet pouvait y être joint de deux façons différentes [2] :

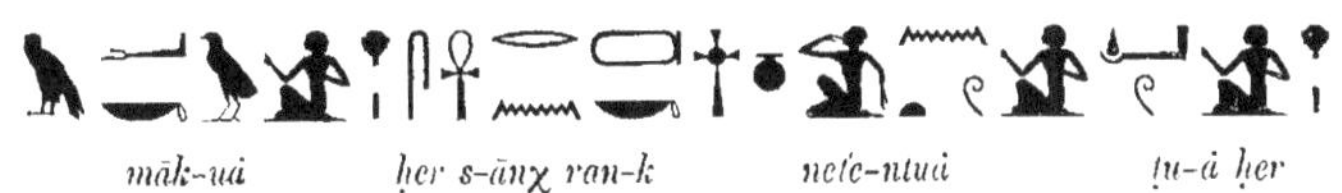

mäk-uá   *her s-ānχ ran-k*   *net'-ntuá*   *tu-á her*

Ego   vivificavi nomen tuum,   pie agens ego   adverti os

en erpa-k.

ad templum tuum.

Le verbe *net'* signifie : «rendre hommage à quelqu'un, prendre soin de sa mémoire.» Son affixe *á* vient ici après *ntu;* c'est le contraire dans la phrase suivante :

mesiu [3]-ná-tu   *katu-á*   *ha-t*   *meri-t nek.*

Effingens ego.   ædificavi templum (quod)   amabas.

Ici le sujet *á* est inséré entre l'*n* et la finale *tu*, ce qui

<hr>

[1] Hymne de *Hui šera*, musée du Louvre, C 67.

[2] Voyez Mariette, grande inscription d'*Abydos*, l. 76 et 78. Pour *mākuá*, voyez les types pronominaux ci-dessus n° 191.

[3] *Mes* est pris ici dans le sens plastique «former, modeler» : les voyelles varient singulièrement dans l'écriture de ce mot.

montre clairement que cette syllabe n'est pas un simple support euphonique pour l'affixe [1].

La finale *tu*, que nous venons d'étudier, n'a probablement pas d'autre origine que l'auxiliaire ⟨image⟩ *tu* « être. »

343. Le verbe ⟨image⟩ *au* se prêtait également à la formation du participe, mais il restait initial. Nous retrouvons, dans cette forme composée, l'origine des participes coptes en ε et ετ, qui sont égaux à ⟨image⟩ *au* et ⟨image⟩ *au-tu*.

Pour la forme absolue ⟨image⟩, nous emprunterons encore deux exemples à l'allocution de Ramsès II à Séti I[er][2] : « tous les temples, dit le fils pieux, j'y ai établi ton nom : »

au-em-ari en-mā-tu   *er-tut rut.*

Agens vere, ita ut[3] illustre fiat [nomen tuum]. (Mot à mot : Être à agir, être faisant.)

Dans la seconde phrase, le verbe a pris un affixe sujet :

au-em-ari-ā *pa-sep* *uha* *her-k* *arui-ā*

su χ*er-k.*[4]

Agens ego rem bonam prætermissam a te, facio (faciens ego) illud pro te.

---

[1] C'est probablement au participe du modèle *ar-ntu-ā* qu'on doit rapporter la finale irrégulière *ntuinsen*, qui se lit sur la stèle hiératique du British Museum (Sharpe, pl. XXIX, 1) : ⟨hiér⟩ *tat-ntui-sen em bahu hon-f* « ils disent devant sa majesté. » (Je supprime, dans la transcription, l'explétif hiératique qui n'a pas son correspondant dans les hiéroglyphes, et qui se trouve dans le texte après *ntui nsen* et après *em bahu*).

[2] Mariette, grande inscription d'*Abydos*, l. 81 et 79.

[3] *Er tat* repond ici à ⳉε « en sorte que, afin que. »

[4] Cette phrase peut sembler obscure, nous pensons en avoir saisi le sens ; *sep*, sans épithète, est en général une bonne action ; *uha* signifie « échapper, manquer. »

Àu-em-àri-à s'analyse : « être-à-agir-moi ; » après *àu*, l'*m* indique l'état. *Àrui-à* est encore un participe actif avec son affixe sujet. Le sens est : « quand je fais quelque œuvre omise par toi, je la fais (encore) pour toi. »

344. Nous avons vu que le présent-aoriste, formé par l'initial  *àu* répondait au 2ᵉ prétérit du copte ⲉⲓ-, ⲉⲕ-, ⲉ ϯ, etc. ; il est, comme celui-ci, usité pour les participes : *àu-f-anχ*, signifie : « vivant » aussi bien que « il vit. » *àu-f mer* « étant mort ; » c'est l'état dans lequel *Anpu*[1] retrouve son frère, couché sur sa natte, quand il arrive à sa maison. Le décret de Canopus dit, à la ligne 24, de la jeune Bérénice, morte en bas âge :

nuter-t ten   àu-s-renen   àk-s   er pe-t.

Cette déesse, étant vierge, entra au ciel.

àu-u initial du participe pluriel se remarque à plusieurs reprises dans le *Papyrus judiciaire*[2] ; par exemple, après l'énumération des juges, on ajoute :

, etc.

àu-u-sem-u   àu-u-kam-u   em   àfai-t.

Instruisant leur affaire, trouvant eux en culpabilité.

L'initiale *àuf* se prêterait au neutre et même au passif, d'après l'exemple suivant du papyrus Abbott[3] ; il y est question d'un tombeau, où personne n'avait été enterré :

<hr>

[1] Voyez *Pap. d'Orbiney*, pl. XIII, 3.
[2] Devéria, *Pap. judic.* page 18, IV, 1.
[3] *Pap. Abbott*, V, 3. Cf. Chabas, *loc. l.*

On s'attendrait à trouver *un-tu* avec la marque du passif, mais elle était souvent omise par les scribes.

àu-f-χaā un.

Étant laissé ouvert.

345. Le participe du verbe auxiliaire ⳝ *àu-tu* répond exactement au préfixe ⲉⲧ des participes coptes.

Le *Récit des deux frères,* en offre un exemple bien caractérisé :
Bata, revenant à la maison pour chercher des semences, trouva la
femme de son frère[1] :

àutu   *ḥemse*   *ḥer*   *nebetu-s(t).*

Étant assise à sa coiffure.

Ce participe de l'auxiliaire se trouve employé seul et suivi d'un
adjectif. On lit, dans le même récit[2] : « la princesse était assise à la
table du roi; » le texte ajoute : ⳝ *àu-tu nefer
ma-s-(set)* « étant bon avec elle » pour « il se montrait aimable pour
elle. » C'est la forme du copte sahidique ⲉⲧⲛⲟϥⲣⲉ.

Remarque. Il ne faut pas confondre cette valeur avec celle que
possède l'initiale *àu-tu* remplaçant le pronom vague avec le sens :
« on fut. » (Voy. ci-dessus, n° 286.)

346. Nous pensons qu'on doit aussi considérer comme un participe, au prétérit-aoriste, la combinaison de l'initiale ⳝ *àu-tu*
avec un verbe conjugué par l'affixe 〰 *nef.* Cette forme singulière :
àu-tu ḥer àn-nef, àu-tu ḥer ta-nef, semble répondre à : « ayant été à
faire venir, ayant été à mettre. » Voici deux phrases de ce modèle
tirées du *Récit des deux frères*[3] :

---

[1] *Pap. d'Orbiney,* pl. II, 10.

[2] *Id.* pl. XVI, 3.

[3] *Pap. d'Orbiney,* XIX, 5. L'exemple

cité par M. Brugsch pour l'infinitif (*Gr.
hiérogl.* n° 190) *àu-tu ḥer sotem-f pu-ten
χaā-ì* montre un cas de ce participe et

àu-tu her   àn-nef   paif-sen   āa.

Ayant fait venir son frère aîné, etc.

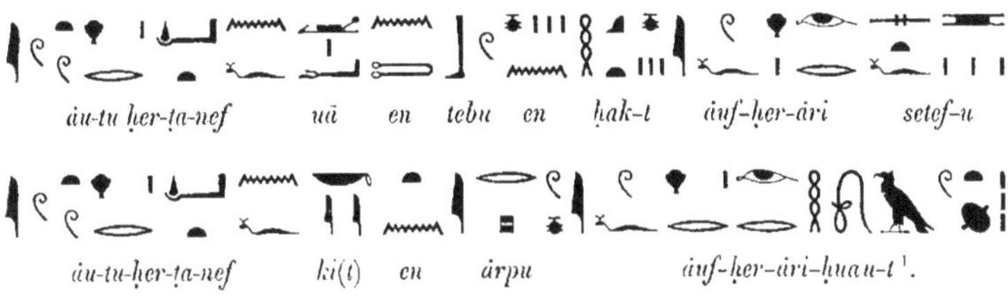

àu-tu her-ṭa-nef   uā   en   tebu   en   ḥak-t   àuf-her-àri   setef-u

àu-tu-her-ṭa-nef   ki(t)   en   àrpu   àuf-ḥer-àri-ḥuau-t[1].

Ayant posé un *teb* de bière, il fit de l'écume; ayant posé un autre (*teb*) de vin, il devint trouble.

Àu-tu her ṭa-nef peut s'analyser : « étant à poser lui, » si l'on veut tenir compte de l'aoriste *tà-nef.*

La valeur du participe qui s'attache à un auxiliaire ainsi affecté de la finale 𓏏 *tu* peut quelquefois causer une équivoque; ainsi d'après l'usage le plus habituel, la phrase : *un àn-tu her t'aṭ* doit se traduire : « on dit, » mot à mot : « on fut à dire. » Cependant, au même papyrus[2], cette formule est employée pour : « il dit. » Nous ne croyons pas cependant que le passage soit incorrect, parce que *un àn-tu her t'aṭ* peut aussi s'analyser par : « étant à dire, » et que le participe pouvait s'employer à la place du verbe.

Il est évident que, dans ce rôle de préfixe, *àu-tu* est l'origine du temps du dialecte memphitique ⲉⲧⲁϥ, ⲉⲧⲁⲕ, etc.[3] qui se prend tantôt pour un prétérit simple « fui, » et tantôt pour le subjonctif « cum essem. »

---

doit être traduit : « ayant entendu (dire) votre abandon de moi; » dans le second membre de la phrase, le verbe *χaā* est au *masdar* avec l'article et l'affixe régime de la 1ʳᵉ personne.

[1] *Pap. d'Orbiney*, XII, 9. Ce passage a été interprété par MM. Goodwin et Chabas.

[2] *Id.* XIX, 3.

[3] Voyez *Grammaire* de Peyron pour les vɪɪᵉ et xvɪᵉ temps du verbe.

347. Nous enregistrerons, pour terminer ce qui concerne le participe actif, le composé avec le relatif *nti*. Le titre Σωτήρ est exprimé par *nti noḥem* «qui sauve,» dans le surnom de Soter II. Mais cette locution nous paraît appartenir aux derniers étages de la langue; elle a passé dans le copte par le démotique; grammaticalement, elle ne peut pas être considérée comme un véritable participe, dans la langue antique.

 est très-naturellement remplacé, dans ce rôle, par la particule *m*, dont une fonction très-habituelle consiste à indiquer la relation d'état. C'est ainsi que le décret de Canopus caractérise les prêtres élus conseillers (l. 15) :

uab-u met ȧnet-χetu em-setep er ter en rempe-t.

Les vingt prêtres conseillers, choisis pour le temps d'une année (mot à mot : en choisis).

Cet exemple appartient, à la vérité, à un participe passif, mais il me paraît probable que la même tournure pouvait s'appliquer au participe actif ou neutre.

FORMES CAUSATIVES.

348. L'initial ∫, ajouté au radical, lui donne la force causative ou doublement transitive : il est impossible de méconnaître l'analogie de cette forme avec le *saphel* araméen et assyrien. C'est la seule modification du radical, qui possède réellement une valeur grammaticale : elle a été bien définie par Champollion[1]. Les

---

[1] Voyez Champollion, *Grammaire*, n° 286. Cf. le n° 260, ci-dessus. L's causatif, disparu de la grammaire copte, est souvent remplacé, dans le dictionnaire, par le ⲧ initial causatif; mais on en trouve encore la trace dans quelques mots,

tels que : ⲤⲂⲞⲔ «diminuer» comparé au radical *bak* «humilis;» ⲤⲈⲨⲚⲈ «disponere,» etc. comparé à *men* «stable;» ⲤⲂ̑Ⲡ «abjicere» comparé à *her* «extra,» etc.

exemples sont usuels et très-nombreux; comparez seulement : *āa* « grand » à *s-āa* « agrandir, » *ka* « longueur, hauteur, » à *s-ka* « élever; » *ḥā* « stare, » *s-ḥā* « ériger, » etc.

On doit toutefois être averti que la valeur causative s'est effacée dans quelques verbes augmentés de l'initial; ainsi : *s-taṭ* ne diffère pas de *taṭ* « dire, » et l's initial s'est même conservé dans le substantif *s-taṭu* « paroles, » et dans le copte ⲥⲁϫⲓ[1]. On peut aussi signaler quelques verbes dans lesquels l's initial se prête à diverses nuances un peu différentes du véritable causatif, mais que la réflexion y ramène facilement. C'est ainsi que l'expression *s-mer* ne signifie pas « faire mourir, » mais « faire la mourante, » dans la phrase suivante du *Papyrus d'Orbiney*. La femme d'*Anpu*, voulant accuser son beau-frère de l'avoir violée, se présente à son mari dans le plus grand désordre :

Il trouva sa femme étendue et (comme) se mourant par suite de violences[2].

349. L'addition de l's causatif n'était pas usitée pour tous les verbes; on se servait alors, pour le même usage, de divers auxiliaires. Le plus usité est le verbe *ṭa, ṭa-t*, « donner, » qui paraît avoir eu le sens causatif d'une manière très-générale. *Ahmès* dit au début de son récit[3] :

----

[1] La variante du même mot, ⲥϫⲁⲝⲉ, est précieuse pour constater que ce *s* initial est quelquefois passé au ϣ dans le copte.

[2] *Pap. d'Orbiney*, IV, 8.

[3] Voyez *Mémoire sur l'inscription d'Ahmès*, p. 47.

ṭu-ā reχ-ten ḥes-u χeper-t nā.

Je vous fais connaître les faveurs qui me sont arrivées.

Cette forme, très-usitée, répond au démotique ✢, sigle de
⌐⌐, et au copte ϯ « donner. » Celui-ci se résout en un simple ⲧ[1]
dans les composés tels que ⲦⲀⲚϦⲞ « vivificare, » de ϯ et ⲰⲚϦ
« vita, » égal à ⲧu-ānχ; ⲦⲞⲨⲌⲞ « servare, » de ϯ-ⲞⲨⲌⲀⲒ
« dare salutem, » égal à ⌐⌐ ṭa-uṭa, remplaçant la forme antique s-uṭa.

350. ou ⌐⌐, en se joignant au verbe principal et à d'autres
auxiliaires, donne naissance à des combinaisons variées, où le sens
causatif se conserve fidèlement. Nous en citerons deux exemples
tirés du *Conte des deux frères*[2] :

āu-tu ḥer ṭa   āmam   ḥon-f ā. t. s. em   ām-f

On instruisit le roi de cela (mot à mot : On fut à faire savoir, le roi, concernant cela).

Quand *Bata*, changé en perséa, reproche à sa femme d'avoir
fait abattre le cèdre où résidait son cœur, il dit[3] :

tu-e(t) ḥer   āmamu   pa-ṭu-t   ā-āre-t šāṭ

en per-āa ā. t. s.

Tu sais que tu as fait couper par le roi (mon cèdre).

---

[1] C'est à cette origine qu'il faut faire
remonter les composés augmentés de ▬
initial, tels que : ṭeben, de

ben; ṭchan, de han, etc.

[2] *Pap. d'Orbiney,* XV, 1.

[3] *Id.* XVII, 7. Observez que, dans

La locution doit s'analyser : «tu es à savoir ton action de faire, le roi, couper (l'arbre).» Le causatif complexe *tu-t-à-àre-t šàṭ* devient ici un nom verbal qui prend l'article *pa*, pour servir de complément direct à *amamu* «savoir.»

351. Les verbes ⟨image⟩ *àri*, et ⟨image⟩ *er*, qui habituellement ne font que fortifier l'idée d'action, prennent, mais assez rarement, la valeur causative ; on peut citer : ⟨image⟩ *er-rime* «faire pleurer[1].»

Le démotique conserve, dans ce sens, *er àr*, et le copte a le préfixe ⲉⲣ : mais celui-ci indique le «faire» et le «devenir,» et non le véritable causatif : ⲉⲣⲁⲥ «fieri vetus, veterascere,» ⲉⲣⲁⲛ «agere jus, judicare;» il se rapporte donc plus exactement au sens ordinaire de ⟨image⟩ *àri* auxiliaire (to do).

352. Mais l'auxiliaire ⟨image⟩ est très-usité dans les composés causatifs ⟨image⟩ et ⟨image⟩ ou ⟨image⟩. Le premier ⟨image⟩ *er-ṭa* équivaut à ⟨image⟩ *ṭa* seul, exemple : *Bata* conduisait ses bestiaux, vers le soir, devant lui[2] :

er-ṭa   seter-u   (em)   paisen   àhai-u(t).

Pour les faire coucher dans leur étable.

L'infinitif ⟨image⟩ *er er-ṭa reχ-ek* «pour te faire savoir»

et  *er er-ṭa reχ paà-neb* «pour

cette phrase, le causatif réside dans ⟨image⟩, et non pas dans ⟨image⟩ : la valeur causative est très-rare pour ce dernier verbe.

[1] *Todtenbuch*, ch. cxxv. La variante ⟨image⟩ *te-rime* est peut-être fautive; on n'a pas signalé d'autre exemple du ⟨image⟩ initial avec cette valeur.

[2] *Pap. d'Orbiney*, IV, 4. ⟨image⟩ est pris souvent, comme ici, pour le gérondif, équivalent tout à fait au suivant ⟨image⟩ *er er-ṭa-t*. Je considère ⟨image⟩ comme explétif, dans ⟨image⟩ causatif. Il y a évidemment dans le manuscrit omission d'une préposition, *em* ou *er*.

faire savoir à mon seigneur, » sont des formules très-usitées dans les papyrus.

353. *er-ṭa* et *er-t-ā* s'échangent fréquemment. Le second est peut-être néanmoins un type différent : car ⌐ ou ⌐ *ā* seul possède un rôle grammatical assez étendu, comme renforçant certaines particules ; on peut citer ici : *em-baḥu-ā* qui s'échange avec la forme plus simple *em-baḥu* « devant. » Peut-être le ⌐ du composé ⌐ doit-il être rapproché du radical copte Ⲝ « être et faire[1]. »

354. Le sens causatif apparaît clairement pour le composé *ău-er-tă* dans l'exemple suivant : le prince de *Bakhtan*, content de voir sa fille guérie par le dieu *Khons*, voudrait le conserver dans son pays : « il disait en lui-même[2] :

ău-er-tă-χeper nuter pen ṭai en Beχten

Il faudrait que ce dieu pût être donné à Bakhtan (analysez : Il est à faire devenir ce dieu donné à Bakhtan).

Le copte se sert beaucoup d'un causatif : sah. ⲦⲢⲈ, memph. ⲐⲢⲈ, évidemment composé des éléments *t* et *r*, qu'on retrouve clairement dans ⌐ *ṭa*, ⌐ *er*, ⌐ *ări* et ⌐ *er ṭa*, ⌐ *er-tă*, mais les éléments sont disposés différemment. L'exemple cité par M. Peyron Ⲁϥⲑⲣⲓϩⲉⲙⲥⲓ « il m'a fait asseoir » répondrait à une formule :

ău-f-ṭa-ări-ā-ḥemse

Il donna faire moi asseoir.

---

[1] Ce rôle de ⌐ sera étudié plus loin. Pour sa valeur verbale propre, voyez le n° 294 ci-dessus. — [2] Inscription du prince de *Bakhtan*, l. 23.

Nous n'avons pas rencontré d'exemple pour cette tournure, mais elle présenterait une analogie parfaite avec les autres formes antiques.

355. Le copte possède encore plusieurs auxiliaires d'un sens restreint; le seul qui occupe une place régulière dans la conjugaison est l'initiale ϣⲁ, qui forme les temps consacrés aux actions habituelles[1]. On trouve, dans les textes pharaoniques, un auxiliaire ⲩⲩⲩⲩ ša, qui doit être le type du ϣⲁ copte. Cette syllabe est empruntée originairement, suivant toute apparence, au verbe ⲩⲩⲩⲩ šaā « commencer. » On reconnaît cette valeur, d'une façon très-claire, dans la phrase du *Papyrus Sallier* 2 (iv, 6) dont nous avons cité déjà la seconde moitié (voyez n° 297) :

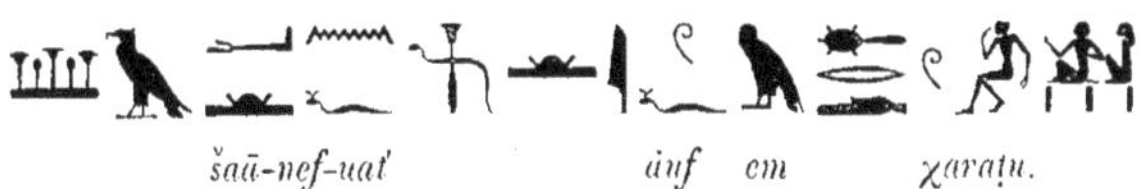

šaā-nef-uaï âuf em χaraïu.

Celui qui a commencé à être instruit dès sa jeunesse (on le prend pour conseiller, on l'envoie remplir des missions).

Nous voyons, au contraire, la syllabe abrégée ⲩⲩⲩⲩ ša, réduite au simple rôle d'auxiliaire dans la formule suivante : un chef égyptien, au retour de diverses expéditions, constate ainsi la satisfaction que lui ont témoignée les rois qu'il a servis :

ša-nā-hes-kuä her-s em suten-u.

Le sens général est : « Je fus loué pour cela par les rois. »

Comme il est question de plusieurs souverains, on peut soupçonner ici la nuance d'habitude ou d'actions répétées qui est attaché au ϣⲁ auxiliaire.

___

[1] Voyez Peyron, *Grammaire copte*, p. 97 et suiv. temps v et vi : *praesens et imperfectum consuetudinis*.

7

La locution ⲧⲧⲧⲧ 🦆 *šau*, qui est employée dans un passage du poëme de *Pentaur* n'est peut-être pas empruntée au même radical car le mot *šau* correspond ordinairement au copte ϣⲁⲩ « utilis. »

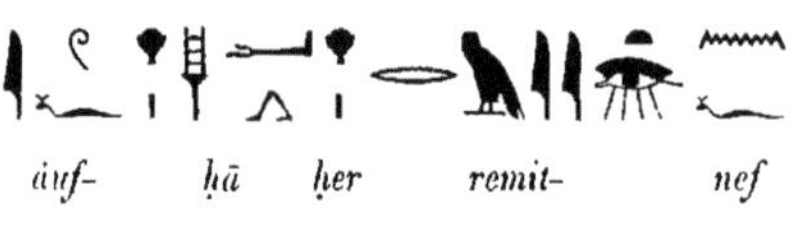

ben šau-meḥ áb-á am- ten.

M. Brugsch a proposé de traduire : « il ne sert de rien de vous aimer[1] ! » J'avais interprété *meḥ áb* dans le sens de « satisfaction, » qu'il a souvent : nous possédons encore trop peu d'exemples pour nous prononcer d'une manière positive.

Le copte fait aussi usage d'une particule ϣⲟⲩ signifiant « digne de, » ϣⲟⲩⲙⲉⲛⲣⲓⲧ « digne d'amour; » je pense qu'on doit la rapporter au thème antique 𓏴𓅂 *χu* « mérite, honneur, *avantage, bien;* » mais celui-ci n'était pas employé comme auxiliaire.

356. Le verbe 𓀾 *ḥā* « stare » en présente, au contraire, tous les caractères dans beaucoup de locutions; outre la particule 𓀾, expliquée ci-dessus (n° 310) et les exemples que nous avons donnés pour l'impératif (n° 316), on peut encore citer des exemples où les aoristes sont composés avec 𓀾 *ḥā*. Le *Papyrus d'Orbiney*[2] nous offre ici un bon exemple : *Anpu* pleure en voyant les souffrances de son frère :

áuf- ḥā ḥer remit- nef.

Mot à mot : Il restait à pleurer.

<hr>

[1] P. Pentaur, texte de Louqsor, l. 46. Cf. *Pap. Sallier, loco laud.* C'est ainsi que Ramsès II commence les reproches qu'il adresse à ses généraux, sur leur ingrati- tude. J'avais traduit : « mon cœur n'est pas satisfait de vous, » prenant *šau* pour une simple variante de *ša*.

[2] *Pap. d'Orbiney*, VIII. 1.

On lit dans la description des métiers et professions : « Le culti-
vateur cuit (lui-même) son pain : »

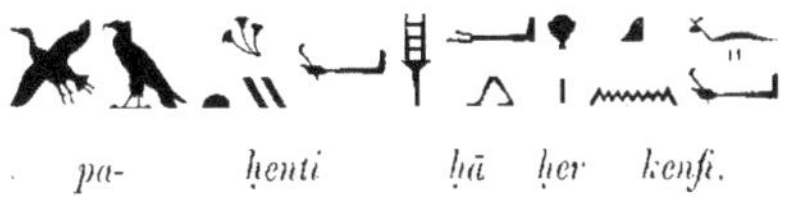

pa-   henti   ḥā   ḥer   kenfi.

Ces exemples semblent indiquer que l'auxiliaire ajoute ici la
nuance d'une action continuée, à laquelle on s'arrête pour ainsi
dire.

Nous ne parlerons, que pour mémoire, de diverses combinaisons
verbales qui résultent de l'accolement de deux verbes, telles que :
 na ḥer āk « il vint pour entrer[1], » iu āk
« il allait entrer[2]. » kar « se préparer » et quelques autres
verbes modifient aussi le verbe principal, mais ce ne sont pas des
auxiliaires dans le sens grammatical.

FORMES DU PASSIF.

357. Le passif s'exprime, dans le copte, de trois manières distinctes : 1° par un changement intérieur dans la vocalisation du radical : ⲧⲱⲏ « misceri, » passif ⲧⲏⲏ ;

2° par l'addition d'une finale ⲟⲩⲧ, qui se réduit à ⲧ pour
quelques participes ;

3° En tournant la phrase par la troisième personne du pluriel
du verbe actif : ⲍⲩϯ, littéralement « dederunt » pour « datum est. »

La première méthode existait certainement dans la langue ancienne, car on y rencontre beaucoup de verbes passifs que rien ne
distingue de l'actif dans l'écriture ; avec le système vague des
voyelles, le changement intérieur de la prononciation échappait à
toute notation exacte : ro-k meḥ « ta bouche est remplie : »

----

[1] *Pap. d'Orbiney*, III, 2. — [2] Lepsius, *Denkmäler*, III, 61, l. 19.

7.

teruu-f   utennu   em   pesaḥ.

Ses talons sont percés de blessures [1].

Le verbe ⟨img⟩ *àr* est quelquefois orthographié ⟨img⟩ *àru*, au sens passif; ce doit être l'indice d'un changement intérieur dans la prononciation, mais nous ne pouvons l'apprécier exactement.

Ammon dit à Séti Ier : «Je te donne les pouvoirs d'Horus et de Set [2] : »

pesešu nuter-ui àru em pesešu-k.

Les domaines des deux dieux deviennent tes domaines.

L'auxiliaire ⟨img⟩ *er* se joint parfois alors au verbe et semble renforcer le sens passif. Il est dit du défunt justifié, au *Livre des souffles* (§ 9) :

er-un   nef em   sebau   na sebau-t.

Il lui est ouvert dans les portes de la région infernale.

358. Les finales coptes ⲟⲩⲧ, ⲏⲩⲧ, ⲧ, reproduisent fidèlement les finales passives de l'égyptien ⟨img⟩ *tu* et ⟨img⟩ *ut;* elles s'employaient, à ce qu'il semble, indifféremment, quoique la leçon ⟨img⟩ *tu* soit bien plus habituelle dans les textes antiques; c'est la forme passive la plus usitée [3].

---

[1] *Pap. Anastasi,* IV, 12, 13. *Pesaḥ* signifie littéralement «morsure;» de là le déterminatif ⟨img⟩ .

[2] *Denkmäler,* III, 129.

[3] Voyez Champollion, *Gramm.* n° 284. Cette finale amène aussi souvent en copte un changement de voyelle intérieur : c'est encore là une particularité que le système des voyelles vagues nous dérobe dans la langue égyptienne, où elle existait aussi très-probablement.

Le verbe affecté des finales *tu, ut,* est, par le fait, au participe passif; mais cette forme se prêtait, en principe, à toutes les modifications du verbe actif dans ses temps simples et composés. Nous pourrons être plus brefs dans l'exposition des formes passives en raison du grand nombre d'exemples que nous avons déjà cités pour la valeur du pronom indéfini « on, » répondant au passif en ⲁ *tu.*

359. C'est ici le cas de faire observer que les propositions passives se rangent sous deux classes qu'il est très-essentiel de distinguer : dans la première, le patient seul est nommé ou indiqué : « Pierre est battu, » cela équivaut exactement à la forme active indéfinie « on bat Pierre. » Cette forme est aussi celle qui convient au passif des neutres : ⳡ *aï-tu* « on vint » (itum est). Dans la seconde classe, se rangent les propositions plus complètes où le patient et l'agent sont également définis : « Pierre a été battu par Paul. » L'agent, qu'on appelle souvent alors complément indirect, est relié aux verbes par des particules qui varient suivant les circonstances. La particule ⲙ *n* est usitée après *meri* « aimé, » ⲙ *mer-en-ptah,* et beaucoup d'autres verbes : la forme pleine *an* est bien plus rare et semble réservée au sujet du verbe actif. Les autres particules usitées ici sont : ⳡ *m,* ⳡ ou ⳡ *mâ,* *her*[1], ⳡ *em-bah* et ⳡ *em-bah-â,* que nous ferons remarquer dans divers exemples.

On rencontre très-fréquemment, dans les inscriptions monumentales, des qualifications passives construites par inversion, comme ⳡ *Ptah-meri;* il est certain que, pour des noms propres et de courtes qualifications, on suppléait la particule et on lisait dans l'ordre naturel : *mer-enptah.* Toutefois nous n'oserions pas affirmer qu'on suivît aussi cette règle de lecture lorsque *meri* ou tout autre verbe, de ce genre, était placé après de longues qua-

---

[1] Comparez la seconde partie du nom de *Merenptah,* fils de *Ramsès II* : ⳡ *hotep her ma* « agréé par Ma, » et l'exemple ci-après du décret de Canopus.

lifications ou une série de termes qu'il gouvernait[1]. Nous avons déjà cité un exemple du passif, avec son sujet et son complément : *teruu-f utennu em pesaḥ*[2] « ses talons sont percés par des blessures ; » c'est, en effet, la particule 🦅 *em* qui sert habituellement de terme instrumental. L'exemple suivant réunit les deux passifs du neutre absolu *àr-tu*, et du passif sans complément *sotem-tu taṭ-u* :

àuk er   ḥeḥ   àr-tu em seχeru-k soṭem-tu ṭetu-k neb-t.[3]

Tu existes pour toujours, on agit d'après tes desseins, toutes tes paroles sont écoutées.

360. Quand le sujet était pronominal, il se plaçait tantôt avant, tantôt après la marque passive *tu;* mais dans le style soutenu, nous rencontrons presque toujours l'affixe entre le radical et la finale *tu.* *Amon* dit à Toutmès III :

smen-à-tu   em   uunen-à.[4]

(Sum) stabilitus ego in domo mea.

361. Dans les temps composés, la finale *tu* peut rester avec le verbe attributif ou bien se joindre à l'auxiliaire ; on lit, dans ce dernier cas : *àu-tu,* *tu-tu,* *un-àn-tu,* *àr-tu,* *χeper-tu,* etc. et même *ḥàn-tu* devant le verbe attributif. Nous avons cité plus haut la phrase *ḥàn-tu iui* « on vint. » Le *Papyrus Abbott* nous fournit deux exemples où l'affixe personnel ⟷ vient encore s'ajouter au ṣ passif, d'une manière qui semble explétive. Il s'agit, dans l'enquête sur la violation des tombeaux, d'un homme qu'on avait rencontré

<hr>

[1] Voyez Champollion, *Grammaire,* n° 431.

[2] Voyez ci-dessus, n° 357.

[3] Stèle des mines d'or. Traduction de M. Birch. (Voyez Prisse, *Choix de monuments,* XXI, 19.)

[4] Grande stèle de Toutmès III, musée de Boulaq.

sur les lieux :  *àu-tu-f-meh àmf* « on s'était emparé de lui[1]. » Plus loin, on lui bande les yeux et on le mène à l'endroit dont il avait parlé :

àu-tu-f-ṭa-t nef àri-tef em-ter peḥu-f-sē(t).

Son œil lui fut rendu lorsqu'il les eut atteint (ces lieux).

L'auxiliaire passif  ou *tutu* est très-usité : voici une phrase du décret de Canopus dans laquelle, à la différence des précédents exemples, l'affixe reste attaché au verbe principal; il est question de régler le sort des diverses catégories de prêtres :

henā   nti   tutu-   bes-u   àu   men renpe-t psit[2].

Avec ceux qui ont été installés jusqu'à l'an 9.

Comme exemple du passif restant attaché au verbe principal, on peut se reporter à la phrase souvent répétée :  *àu-t uab-tu* « tu es purifiée » tirée du *Livre des souffles*[3]. Le décret de Canopus dit aussi (l. 12) :

uab-u pu àm-u pa-u-nuter neb-t nte bak-t   àu-fu-sen   ṭeṭ-ut uab-u

na neter-ui menχ-ui.

Les prêtres existant dans tous les temples de l'Égypte, dans leur totalité, seront nommés prêtres des dieux évergètes.

---

[1] *Papyrus Abbott,* p. iv. Traduit par M. Chabas. Pour le second passage, voyez le même papyrus, V, 1.

[2] ⟨signe⟩ est le correspondant récent de la particule *er* « ad : » l'r final étant oblitéré, il est resté *e*, égal à l'ε copte et rendu par ⟨signe⟩, équivalent à ⲛ. (Voyez le n° 29.) Le groupe ⟨signe⟩ est l'abrégé de ⟨signe⟩, affixe de la 3ᵉ pers. pl.

[3] Cette variété est aussi usitée que la

Cet exemple montre la combinaison de l'auxiliaire *pu* avec un passif [1].

362. L'aoriste, avec l'augment  *à*, pouvait également convenir au passif. Dans le *Papyrus Anastasi* n° 4 (II, 7), un maître dit à son disciple : « Ne fais pas la sourde oreille ! »

àu-bu-àr-f-sotem   à-àr-tu   nef   em   ţo-t.

Celui qui n'écoute pas, on agit envers lui avec la main.

L'augment  *à* est également applicable au passif, dans le cas du participe auquel il semble ajouter une nuance plus décidée vers le passé. Le *Papyrus Abbott* s'exprime ainsi sur le compte d'un homme rencontré pendant l'enquête :

ret   àkem-it-   àm

Homme ayant été trouvé là.

363. La particule ⌇⌇⌇⌇ vient encore ici s'insérer, comme au second aoriste actif, soit avant l'affixe personnel, soit avant la finale *tu*. Voici un exemple pour la priorité de l'affixe [2] :

neb-u   nuter-u   ḥotep-u-en-sen-tu   em   ṭefau-sen.

Les seigneurs divins, on leur offre leurs richesses, c'est-à-dire : Les biens qui proviennent d'eux-mêmes.

première dans les papyrus : comparez *Pap. Anastasi*, n° 4, XII, 3 : ⌇⌇⌇ *àu-k ḥemse-tu em ta uuit* « tu es reposant dans la maison. »

[1] Pour ⌇ seul, initial, et pour le pronom absolu, affecté du passif ⌇ *emtu*, voyez les n°ˢ 264 et 297.

[2] *Ša em sinsin*, § 4 *bis*, manusc. du Louvre.

La forme passive 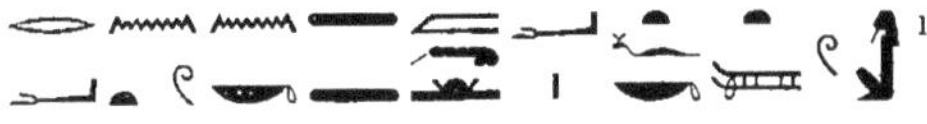 *ntu*, sans affixe, s'emploie avec le sujet substantif; exemple :

er-ā-ntu   nek   toui   embaḥu-ā   tef-k   Tum.

Datæ sunt tibi regiones duo a manu patris tui Tum.

Mais elle s'ajoute les affixes personnels, en l'absence du substantif; exemple :

mes-ntu-f   em   renpe 53.

Genitus (fuit) ille in anno 53.

364. Nous avons dit que la finale passive *tu* pouvait se concilier avec toutes les formes du temps, nous nous bornerons à citer encore quelques exemples variés. La formule suivante appartient au futur :

na āu-tu-er-ān-tu-u ámsen

Ceux d'entre eux qu'on devait amener[3].

Le *Papyrus d'Orbiney* montre une formule comparable aux participes futurs latins remplaçant le gérondif. Dans le moment où *Bata* court le risque d'être tué, sa vache le prévient que son frère le guette pour le tuer : *er χotebu-k-tu* répondrait exactement à «ad te occidendum.»

<hr>

[1] Stèle de *Kanra* au musée du Louvre, hymne à Osiris. Observez, dans cette phrase, la préposition *embaḥu,* au sens instrumental.

[2] Voyez Mariette. *Renseignements sur les Apis,* etc. Stèle de l'Apis de l'an 53 de Psammétik Ier.

[3] *Pap. de Leyde,* I, 11, traduction de M. Chabas. On peut citer, pour la forme indéfinie, la phrase suivante du récit de *Toutmès III* : *āu-tu er teḥen er χerau* «on va s'avancer pour attaquer (l'ennemi).» Lepsius, *Denkmäler,* III, 32, l. 12.

365. Le *Papyrus de Boulaq* se sert de la forme *à-àru-tuk*, pour l'impératif passif, dans la sentence suivante [1] :

à-àru-tuk   *setepu*   *nefer*   *àtet-u*

Fiat tibi   selectio   bona   verborum.

366. Quant aux formes de l'optatif passif, avec les particules *mai*, *àmmā*, *àm*, *er-mai*, *àu-mai* [2], elles sont très-fréquentes, tant dans les papyrus que dans le décret de Canopus :

àmmā   *šāt-tu*   *pai-*   *šauabu*   *sen.*

Que soient coupés les deux perséas [3].

àu-mai-ṭa-tu   *χeru*   *en mes-u na uab-u*   *ter hau mes-sen*   *àm-f.*

Qu'on donne des vivres aux enfants des prêtres, depuis le jour où ils sont nés [4].

Ajoutons, pour terminer cet article, que le passif s'appliquait encore sans difficulté au mode causatif : *s-hā* « ériger, » fait au passif ⳿⳿⳿ *se-ḫa-tu.* ⳿ *àn* « amener » devient *er-t-ā àn-tu.*

L'ambassadeur du prince de Bakhtan dit au Pharaon :

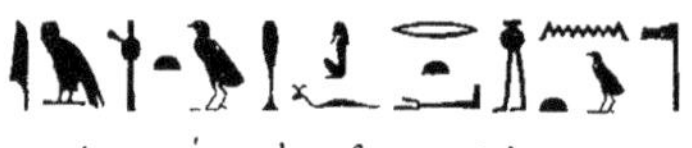

àm-utu   *ḥon-f er-t-ā-àn-tu nuter.*

Que sa Majesté veuille ordonner qu'on fasse amener le dieu (lui-même).

367. Nous avons déjà remarqué [5] que les formes ⊂⊃ et ⌡ du participe actif se confondaient souvent avec celles du passif.

---

[1] *Pap. Boulaq*, XX, 10. — [2] Voyez les n°ˢ 320-324. — [3] *Pap. d'Orbiney*, XVIII. l. 1. — [4] Décret de Canopus. l. 35. — [5] Voyez n° 338 et n°ˢ suiv.

Certains manuscrits conservent, même pour cette voix, la finale 𝄞 *tà* au féminin; les exemples sont nombreux, en voici un tiré du *Papyrus d'Orbiney* (XI, 3) : il est question de la tresse de cheveux qui flottait sur le fleuve et que le chef se fait apporter :

àu-f-her-ṭat-hait-tà   *àu-tu-her-àn-s nef.*

Il la fit approcher et on la lui apporta.

La tresse, ⌇⌇ *nebet*, est du genre féminin. Cette tournure répond à « jussit admovendam; » elle est très-usitée.

La finale 𝄞▪ *it*, qui donnait naissance à beaucoup de substantifs abstraits, était spécialement usitée pour le passif de certains verbes, tandis que les neutres employaient indifféremment les formes actives et passives : 𝄞 *kemi-t* « on trouva » est un exemple fréquent de la finale passive en *it*[1].

Le copte a également conservé une trace de ces formes secondaires du participe passif, dans le ⲧ final, qui forme ce temps pour un petit nombre de radicaux : comparez ⲉⲧ-ⲥⲁⲛⲁϣ-ⲧ « nourri » avec ⲥⲁⲛϣ « nourrir, » etc.[2]

368. Cette langue présente deux manières d'employer la troisième variété du passif, celle qui consiste à tourner la locution par la troisième personne du pluriel du verbe actif : la première est une dérivation évidente de l'affixe égyptien ꜥ adhérent au radical, elle consiste dans la finale sahidique ⲏⲩ : ⲕⲧⲏⲩ, ⲉⲧ-ⲕⲧⲏⲩ « ædificatus, » de ⲕⲱⲧ. La seconde reproduit le même affixe *u*, ayant eu pour support l'auxiliaire 𝄞 *àu* et devenu ⲁⲩ ou ⲉⲩ : ⲟⲩⲡⲛⲟⲏ ⲉⲩⲉⲓⲛⲉ ⲙⲙⲟⲥ « un esprit était porté, » ce qui doit être analysé : « un esprit, ils portaient lui. » Ces deux méthodes étaient aussi

<hr>

[1] Voyez *Pap. Abbott*, VI, 14 et *passim*. — [2] Voyez Peyron, *Gramm.* p. 186.

usitées dans les textes hiéroglyphiques, et sont surtout fréquentes aux basses époques.

Le *Livre des souffles* en contient de nombreux exemples :

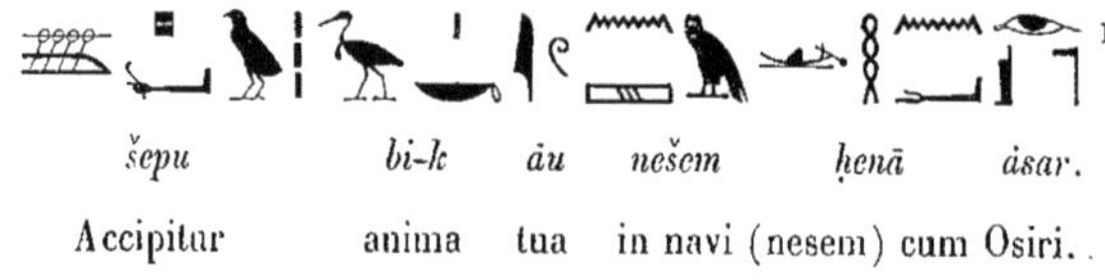

šepu	*bi-k*	*àu*	*nešem*	*ḥenā*	*àsar.*
Accipitur	anima	tua	in navi (nesem)	cum	Osiri.

tet-u	*mā*	*ruk*	*em-baḥu*	*àsar.*
Dicitur	jus	tibi	ab Osiri [2].

La phrase ci-après, du décret de Canopus, fait voir l'auxiliaire *àu* ayant attiré l'affixe *u*, comme en copte. On y loue les Évergètes d'avoir rectifié les défauts du calendrier de l'année vague [3] :

seχen	*às*	*mate-u*	*àu-u-meḥ*	*her neterui menχui*

Il est arrivé donc qu'ils ont été rectifiés (et) complétés par les deux dieux évergètes.

FORMES NÉGATIVES.

369. Les particules négatives sont nombreuses dans la langue égyptienne, et des combinaisons assez variées résultent de leur union avec le verbe. Les négations ordinaires sont : ⁓ *n, àn,* ⟩ *bu,* ⌐ *ben* et ⊏ *tem;* ⟩ *m* et ⟩⟩⁓ *àm* sont prohibitifs. Divers radicaux, tels que : ⊙⟩⁓ *χem,* ⟩⟩ *šu,*

---

[1] *Ša em sinsin*, § 2.

[2] *Ibid.* § 4. Nous avons vu que *embaḥu* indiquait quelquefois l'agent, dans le passif (voyez ci-dessus, n° 363).

[3] Décret de Canopus, l. 23. La particule ⸗ se caractérise ici comme déterminant l'agent. ⸗, dans le second membre, est encore l'abrégé de ⸗ *u*.

men, *ka*, etc. donnent aussi naissance à des locutions négatives qui ne doivent pas être passées sous silence.

Nous étudierons successivement les caractères particuliers de chaque négation, en faisant toutefois un article spécial pour la prohibition et pour l'interrogation négative.

Le caractère (avec ses variantes ,) est le véritable symbole de la négation ; seul ou avec le complément , il sert à écrire la négation *n, àn*. La variabilité des voyelles fait comprendre comment seul, ou le groupe pris phonétiquement, correspondent, d'après le témoignage des variantes, à *n, àn, na* et même à *nen ;* cette dernière est une forme redoublée [1]. est souvent additionné du déterminatif «négation, privation, mal, etc.; » en retournant l'oiseau en sens inverse de l'écriture, on insistait encore sur l'idée négative. Le radical *àn* pouvait être employé comme un verbe opposé au verbe «être ; » au sens neutre, son participe pluriel *àn-tiu* «les non-existants» s'applique aux choses possibles, mais n'ayant pas reçu l'existence ; aussi le dieu suprême est qualifié Seigneur souverain des *nti-u àn-tiu* «des choses qui existent et de celles qui n'existent pas [2]. » Dans un sens plus actif, les impies, qualifiés *àn-tiu-sen*, sont «les négateurs. » La qualité verbale explique encore facilement des expressions telles que : *àn-ti* ou *àn-ti-nef* «celui qui n'a rien, le pauvre ; » et *nt-enef maut* «celui qui n'a pas de mère [3]. »

370. se plaçait avant le verbe nié ; le copte a conservé les négations ⲛ̅ (sah. ⲛ̅), et ⲁⲛ ; ⲛ̅ est resté initial et ⲁⲛ vient ordinai-

---

[1] Voyez Lepage-Renouf, *Miscellaneous,* 1867 ; dissertation très-remarquable sur les négations, leur lecture et leur emploi. Voyez Champollion, *Gramm.* n° 289.

[2] Un des titres d'Isis, à Philæ, lui donne «la régence» sur ces deux classes : *hen n-tiu àn-tiu.* Il y avait là un de ces jeux de mots si recherché par les écrivains égyptiens.

[3] Grande stèle d'*Antef*, musée du Louvre, l. 17, 18.

rement le renforcer, après le verbe : c'est là un supplément propre
à la langue dérivée, et quand le copte se sert de ⲁⲛ seul, il le
place après le verbe. La négation ~~~, qui est fondamentale, pouvait s'appliquer à presque tous les temps, dont elle dérange peu
l'ordonnance.

A l'aoriste simple, le sujet substantif pouvait suivre immédiatement la négation ou bien être rejeté après le verbe; exemple :

àn suten en kame àr ma-ti ter pa-tu to-ui.

Aucun roi d'Égypte n'a rien fait de pareil depuis l'existence du monde.

àn   peru   ba-usen[1].

Leurs âmes ne sortent pas.

Cette liberté permettait de diviser spécialement la force de la
négation sur le substantif ou sur le verbe. Avec l'affixe, le verbe
suit immédiatement la négation :  *àn-
maa-sen* « ils ne voient pas. » Mais, dans les derniers temps, les af-
fixes avaient également marqué ici leur tendance à rejoindre les
auxiliaires : dans le *Papyrus Rhind*, la phrase hiéroglyphique : 
àn te-tu « ils ne disent pas, » correspond au démotique *àn-
u-te* qui conduit directement au copte ⲛⲉⲩⲭⲉ (ⲁⲛ). Le second
aoriste du modèle *àn tut-nef* était aussi très-
usité.

371. L'introduction des auxiliaires donne ici lieu à quelques
observations : le verbe quitte sa place ordinaire et vient s'accoler à la négation ; exemple :

______

[1] Dans le groupe ainsi composé, le est très-probablement explétif et sans
valeur phonétique.

| *àn* | *pu* | *se* | *àr-t* | *àr-t* | *nek* | *ter* | *rā* | *er-men* . . . . . |

Il n'y a pas de fils (qui) ait fait (ce que) tu as fait, depuis Ra jusqu'à (notre temps)[1].

372. Lorsque l'on rencontre l'auxiliaire *àu*, il faut distinguer soigneusement la place qu'occupent les deux éléments et : quand ce dernier n'a que la valeur conjonctionnelle, il précède la négation ; c'est le contraire, s'il occupe une place logique dans un temps composé. Plusieurs phrases tirées du *Récit des deux frères*, aideront à saisir cette distinction. Dans l'allocution de *Bata* figure le reproche suivant : « Qu'est-ce que ton action de me poursuivre pour m'assassiner ? »

| *àu-àn-* | *sotem-ek* | *ru-ā* | *her* | *tut.* |

Sans avoir écouté mes paroles[2].

Mais nous aurons la construction inverse dans le cas de l'aoriste, du conditionnel et du futur. La conclusion des reproches de *Bata* se formule ainsi :

| *pa-un* | *àn-àu-à-* | *hā* | *em* | *ās-t* | *àu-k* | *àm-s(t).* |

Ceci étant, je ne reste pas dans une demeure dans laquelle tu es[3].

Plus loin, *Bata* dit à sa femme : « Ne sors pas ! de peur que le fleuve ne te saisisse. »

---

[1] Voyez Mariette, *Abydos*. Grand récit de *Ramsès II*, l. 64. Pour le verbe , voyez n° 295, ci-dessus.

[2] Ainsi que nous l'avons fait remarquer *àu* est ici l'analogue du ف arabe.

Pap. d'Orbiney, VII, 4. Analysez « étant (que) tu ne m'as écouté en parole. »

[3] *Ibid.* VIII, 3. L'aoriste a ici le sens du futur.

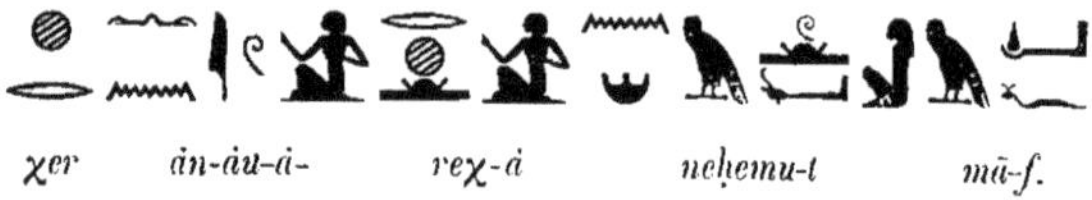

χ^{er}   ȧn-ȧu-ȧ-   reχ-ȧ   neḥemu-t   mȧ-f.

Car je ne saurais pas le sauver de lui [1].

373. Le futur, avec l'insertion de ⊂⊃, exige aussi absolument
cette construction : dans le même récit la princesse veut faire tuer
son mari, sous la forme du taureau sacré, en se disant :

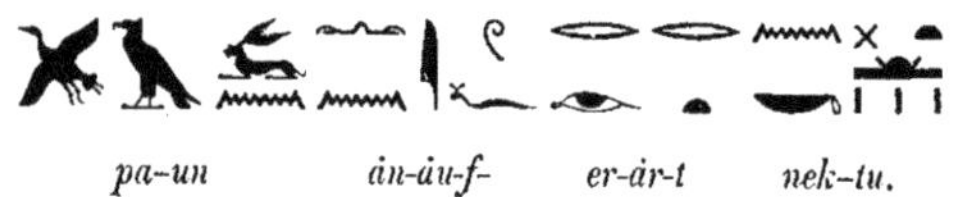

pa-un   ȧn-ȧu-f-   er-ȧr-t   nek-tu.

Cela étant, il ne fera plus d'affaires fâcheuses [2].

〰 figure souvent dans la négation de l'infinitif : d'après les
observations de M. Lepage-Renouf, cette tournure absolue se prête
à rendre divers temps; elle servait à nier, par pléonasme, le défaut
opposé à la qualité qu'on affirmait. C'est ainsi que 〰 ▯ 𓀀
ȧn-ḳar « non mutus » s'ajoute à « il parle. » C'est évidemment ici un
participe « n'étant pas muet. » Quelquefois aussi il faut traduire par
la négation de l'infinitif 〰 𓄿 ⊏⊐ | × 𓀀 ȧn-ušeb « sans répon-
dre [3]. »

Quoique cette négation soit surtout initiale, elle figure néanmoins
quelquefois dans un terme conséquent; celui-ci peut alors être re-
lié à son antécédent par la combinaison | 𓄿 〰, étudiée ci-des-
sus. On trouve même 〰 affectant un infinitif régi par un autre
verbe [4]. *Toutmès III* défend ainsi, à ses soldats, de perdre leur
temps au lieu de poursuivre les vaincus :

---

[1] *Pap. d'Orbiney*, X, 1. Le conditionnel est ici la nuance nécessaire.

[2] *Ibid.* XVI, 5 : *nek-t*, seul, est souvent
pris en mauvaise part; mais 〰●×‡
⊜ *nek-t nefer-t* est quelque chose d'a-
vantageux. — [3] Voyez Lepage-Renouf,
l. l. p. 6.

[4] 𓄿⊏⊐ est plus usité dans cette position.

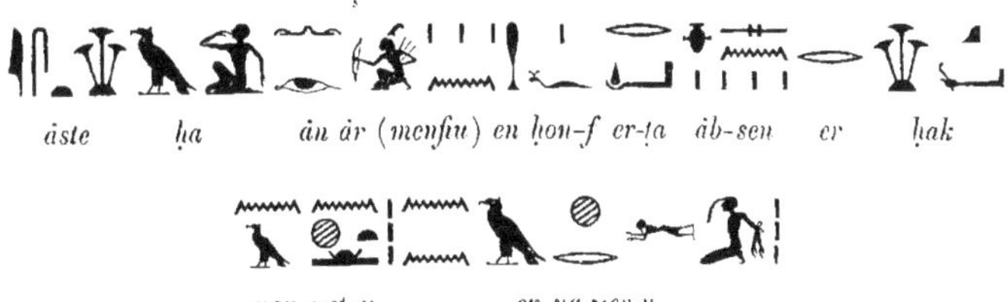

àste   ḥa   àn àr (menfiu) en ḥou-f er-ṭa àb-sen   er   ḥak

nan-χet-u   en na-χer-u.

Voici qu'on ordonna que les soldats de sa Majesté ne donnassent pas leur cœur à piller les choses des ennemis (analysez : Ne pas faire, les soldats, appliquer leur cœur, etc.).

374. Le participe négatif doit aussi nous arrêter un instant ; on y remarquera une nouvelle trace de la valeur verbale de ⌇⌇ : en effet, outre la formule ordinaire, qui consiste à mettre cette particule devant le verbe nié, comme *àn ḳar*, cité ci-dessus, on rencontre des cas où la négation a attiré la finale du participe, comme nous l'avons vu attirer les affixes personnels. Les éloges des défunts renferment des phrases du genre de la suivante :

mā-ti   àn-tiu   ā-un.

Juste, n'étant pas violent[1].

Le participe passif, qui se confond avec l'aoriste[2], est construit sur les mêmes principes : le paradigme est ici ⌇⌇ *àn-àri-tuf*, ou bien ⌇⌇ *àn-tu-àrif* « non factus : » la finale passive ayant rejoint la négation. Cette tendance est extrêmement ancienne dans la langue, comme on peut le voir par la locution ⌇⌇ *àn-tu-sotem-f* qui se rencontre déjà dans le *Papyrus Prisse*[3]. Les né-

---

[1] Ce même principe explique la remarque faite par Champollion que ⌇⌇ reçoit parfois les marques du pluriel. (Voyez Champollion, *Gramm.* p. 445.)

[2] Voyez ci-dessus, n°ˢ 358-363.

[3] *Pap. Prisse,* 2ᵉ partie. XVII, 4.

M. Brugsch, à qui ce phénomène d'attraction n'a pas échappé, a eu tort de le restreindre à la finale ⌇ du passif, comme le prouvent les exemples ci-dessus. (Voyez Brugsch, *Gramm. hiérogl.* p. 66.)

gations sont donc traitées quelquefois comme de vraies racines verbales et nous montrerons, au chapitre des prépositions, que c'est là un phénomène très-général dans la langue égyptienne.

375. Un usage très-remarquable du participe, celui qui consiste à le construire comme l'ablatif absolu du latin, se conciliait parfaitement avec la négation. *Pianχi meriàmun*, dans la sommation qu'il adresse à la ville de Memphis, se borne d'abord à réclamer un libre passage :

àn	*χeseftu*	*šem-à*	*uten-à*	*àb*	*en ptah.*
Non intercepto itinere meo		offeram		dona deo Phtah.	

Cette tournure remplace ici le conditionnel, elle convient aussi à diverses variétés du prétérit.

376. L'aoriste et le participe de la forme ~~~ ..... ℮ s'appliquent aussi à des temps variés que le sens du discours aide à préciser. *Ramsès II*, en se vantant d'avoir achevé le temple de *Séti I*ᵉʳ, parle ainsi d'une statue[1] :

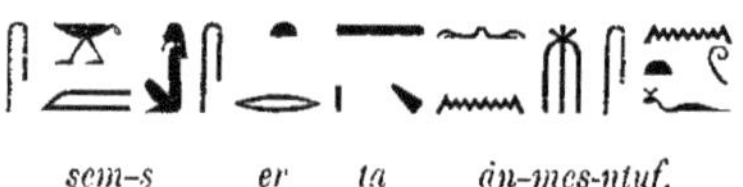

sem-s	*er*	*ta*	*àn-mes-ntuf.*

Sa statue était par terre, elle n'était pas taillée (ou : n'étant pas taillée).

Ailleurs, il devient un futur, répondant aux formes potentielles (... endus, ... bilis). L'hymne de *Toutmès III* se sert plusieurs fois de ce participe ; le roi y est qualifié : « Taureau au cœur ferme, aux cornes aiguës, » ☐ ∧ ℮ *àn-ha-ntuf* « qu'on ne peut appro-

---

[1] Mariette, *Monuments d'Abydos*, grand récit de Ramsès, l. 32.

cher. » Plus loin : « il est tel qu'un crocodile dans les eaux, » *àn-teken-ntuf* « qu'on ne peut pas conduire. »

377. Nous avons dit que se prêtait moins facilement que les autres négations aux propositions dépendantes ; cependant, outre la combinaison *àu àn*, cette négation suit quelquefois *r* « pour que ; » elle joue alors exactement le rôle de [1] *tem ;* exemples : à l'infinitif actif, *er àn-āk meh sa* « pour que le chagrin n'entre pas[2] ; au passif :

er   àn-sen-   ut hau en àr   heb   pen   her-s.

Afin que ne soit pas transféré le jour de faire cette fête, pour cela[3].

378. Le conditionnel d'exception « nisi » se formait avec *àn* augmenté de la particule *às*. Le chapitre cxxv du *Rituel funé-raire* offre une série d'exemples frappants pour cette tournure. A l'entrée du défunt dans la salle de la justice, chaque partie de la porte contribue à son tour à l'interrogatoire qu'on lui fait subir ; toutes les questions sont conçues sur le modèle suivant :

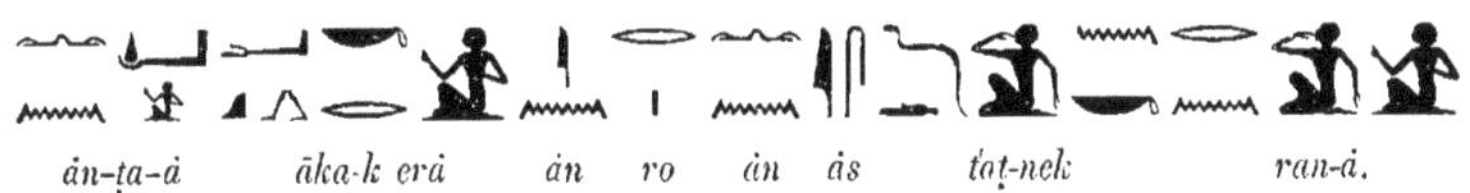

àn-ta-à   āka-k erà   àn   ro   àn   às   tat-nek   ran-à.

Je ne te laisserai pas entrer vers moi, (dit) la porte, à moins que tu ne dises mon nom[4].

379. La locution *àn às* peut quelquefois embarrasser et prêter

----

[1] Voyez ci-après, n° 390.

[2] Voyez Brugsch, *Dictionnaire*, p. 687.

[3] Décret de Canopus, l. 19. Le grec dit : μὴ μετατίθεσθαι τὴν πανήγυριν.

[4] *Todtenbuch*, ch. cxxv, l. 53. Quelques exemplaires remplacent ici la pre-mière négation par *ben*. Le patient satisfait à ces demandes en disant les noms mystiques de chacun des question-naires. *àn* suffit pour indiquer celui qui parle, avec ellipse de *tat.* (Voyez ci-dessus n° 271.)

à l'équivoque, parce que l'on insérait des particules telles que ⚲ *ás* et ⚲ *ḳar*, entre le verbe et la négation, dans un but simplement conjonctionnel. Deux exemples tirés de la stèle d'Antef rendront plus intelligible la portée de cette observation. Après avoir énuméré ses grandes qualités, le littérateur égyptien lui met dans la bouche d'énergiques affirmations sur sa véracité ; j'en extrais les deux phrases suivantes :

ḳaṭ-(n)uá   pu   na   meter-ná   án ás   ábā   ám.

Ce sont mes qualités que j'atteste, il n'y a, voici, aucun mensonge.

⚲ n'a évidemment ici d'autre fonction que de relier le second terme au premier, en donnant plus de force à la négation. Il en est de même pour ⚲ *ḳart* « donc » dans la seconde phrase :

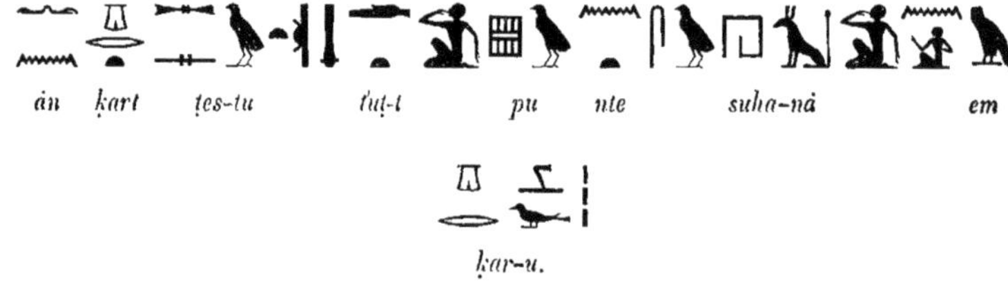

án   ḳart   ṭes-tu   ṭuṭ-t   pu   nte   suha-ná   em

ḳar-u.

Ce n'est donc pas un arrangement de paroles (fait) pour me vanter à tort[1].

L'ordre général du discours aidera toujours à faire cette distinction. Nous retrouverons encore notre négation ⌇, soit dans des locutions complexes, soit dans les prohibitions et dans la négation interrogative.

380. La particule *bu*, qui s'écrivait ⚲, ⚲, et même avec ⚲ seul, a pour radical ⚲ *bu* « lieu ; » de là proviennent deux sé-

<hr>

[1] Musée du Louvre, C, grande stèle d'*Antef*, l. 21. ⚲ *ṭes* « disposer, » appliqué aux paroles, signifie « des phrases. »

ries grammaticales très-divergentes : dans le premier cas, *bu* devient une particule abstractive, analogue au ⲙⲛⲧ copte, ainsi :]  *bu-mā* signifie « la justice [1]. » Dans le second cas, ce mot devient une négation, comme en français : « pas, rien. » On peut reconnaître une trace de son origine dans l'exemple suivant, où il figure, après le verbe, comme complétant *an*, et sans altérer le sens négatif. Il est dit des mystères du Nil, dans l'hymne du *Papyrus Sallier* [2] :

$$an\text{-}re\chi\text{-}tu \quad bu \quad ntuf \quad an\text{-}kame \quad em \quad tepeh\text{-}tu \quad (utu).$$

On ne le connaît pas, on ne le trouve pas dans les cabinets des livres.

381. Néanmoins, dans l'usage ordinaire, cette particule suffit seule pour une négation parfaite.

Ce qui marque surtout la différence entre ⁓ et] ℮, c'est que le second est très-rarement appliqué à une proposition initiale ou indépendante : il y a presque toujours un caractère de relation, plus ou moins marqué, dans le membre de phrase qu'il sert à nier. Voici quelques exemples des locutions où il est usité :

$$bu\text{-}ar\text{-}f\text{-}sotem \quad a\text{-}ar\text{-}tu \quad nef \quad em \quad tot.$$

Celui qui n'écoute pas, on agit avec lui par la main [3].

On se servait de] ℮, soit redoublé, soit combiné avec ⌐ *ben,* pour les négations répétées « ni … ni … »

Les courtisans de *Ramsès II* disent des merveilles de son règne :

[1] Stèle d'*Antef*, l. 16. Voyez l'exemple ci-après. ⲙⲛⲧ peut très-bien être égal à] ℮ *bu-nte,* comme l'a expliqué M. Brugsch.

[2] *Pap. Sallier,* n° 2, XX, l. 8.

[3] *Pap. de Berlin,* Kollersche Sammlung. II, 5.

bu ptar-na   bu sotem-na, etc.

Nous n'avons ni vu ni entendu (qu'il y en ait eu de pareilles).

La place ordinaire de *bu* est après un antécédent : on expose, dans le premier membre de la phrase, ce qu'on va nier dans le second. Ainsi, dans le voyage du *Papyrus Anastasi*, au milieu d'une foule de phrases analogues, et après la mention de diverses régions, on lit :

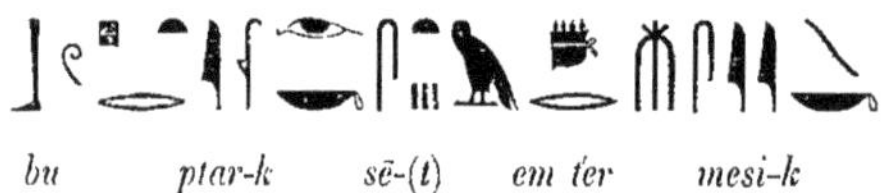

bu   ptar-k   sē-(t)   em ter   mesi-k

Tu ne les a pas vues depuis ta naissance [1].

382. Cette négation peut être jointe, soit à une exclamation ou à une conjonction, soit à l'auxiliaire au. Au *Papyrus Abbott*, il est question d'une dénonciation dont la teneur n'avait pas été vérifiée : « les paroles qu'avait rapportées *Psar*, chef de la ville :

ia   bu-   árt   piä-   ret   pehu-u.

Certes mon pied ne les a pas pu atteindre [2].

383. Dans le composé ⟨ ⟩ *au bu*, l'auxiliaire *au* est réduit au rôle purement conjonctif : dans le *Récit des deux frères*, les messagers viennent rendre compte au roi de leur mission :

---

[1] *Pap. Anastasi*, XXVII, 7. Les traductions de MM. Chabas et Brugsch ne s'accordent que pour ce passage, et c'est ce qui nous l'a fait choisir.

[2] *Pap. Abbott*, VI. Comparez la traduction de M. Chabas ; *ret* est ici un type pronominal, « mon pied » pour « moi ; » variante amenée par le verbe *pehu* « atteindre. »

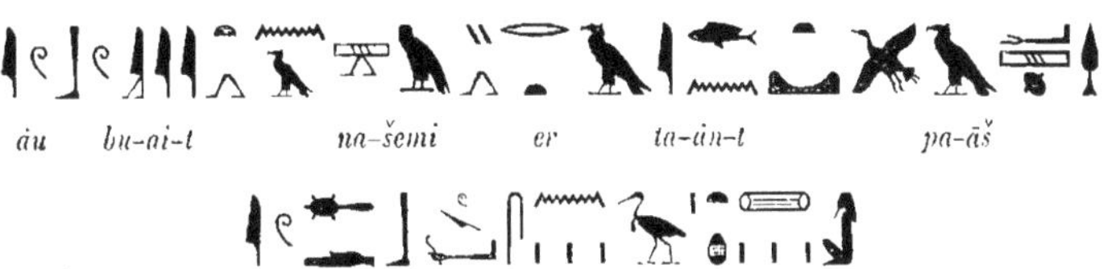

Mais ne vinrent pas ceux qui étaient allés à la vallée du cèdre, car *Bata* les avait tués [1].

De même, dans le *Papyrus judiciaire de Turin*, après la mention de la sentence des condamnés, le texte ajoute :

Ils sont morts eux-mêmes et il n'a pas été fait d'adoucissement de peine pour eux [2].

384. Notre négation a quelquefois, surtout avec l'infinitif, la même nuance absolue que ⸺ ; la sentence suivante du *Papyrus de Boulaq* est très-instructive pour l'appréciation de cette locution :

Celui qui déteste les retards vient sans qu'on l'appelle, (et) sans se presser, arrive le bon marcheur [3].

[1] *Pap. d'Orbiney*, XI, 9.

[2] *Pap. judiciaire de Turin*, traduction de Devéria ; *tait* mot à mot «enlèvement, prise» de quelque chose, est ici pour «grâce, diminution de peine.» M. Brugsch a proposé, pour la formule ⸺, le sens du copte ⲙⲡⲁⲧⲉ «avant que,» mais les exemples cités ne sont pas démonstratifs : la phrase alléguée dans sa grammaire hiéroglyphique *âu bu ai* peut aussi bien se traduire par «et il ne vient pas» que par «avant qu'il vienne.» (Voyez Brugsch, *Grammaire hiéroglyphique*, n° 221.)

[3] *Pap. de Boulaq*, XXI. 13.

385. Le même papyrus nous fournira un exemple pour une tournure dans laquelle *bu* joue le rôle, plus souvent réservé à *tem* « ne, de peur que, » après une défense :

em-ar-han-ek	neketu	kai	bu	ari-f-tesau
Noli afferre	damnum alteri,		ne	ascendat

em pa-k.

in domum tuam.

386. Cet exemple prouve que *bu* était usité dans les temps composés avec *ar* auxiliaire, mais je n'ai pas montré d'exemples de ou ; en pareil cas on se servait de . Le verbe forme, au contraire, des combinaisons importantes avec cette particule ; on en remarquera deux variétés qui ne se confondent pas : avec l'orthographe *pu*, le verbe reste invariable, il peut seulement recevoir la finale *tu* qui lui donne la valeur du participe ; mais il redevient variable avec la forme *pui*.

On peut suivre ces transformations dans les exemples suivants :

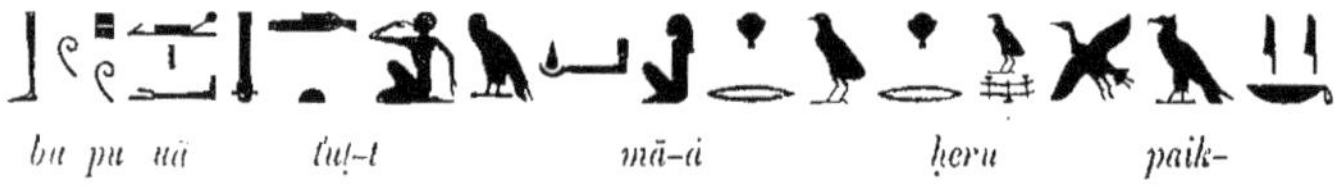

bu pu uä	tut-t	mä-ä	heru	paik-

sen šeräu.

Personne n'a parlé avec moi (excepté ton jeune frère).

C'est le discours de la femme d'Anpu [1]. *Bu pu-tu* s'employait pour

<hr>

[1] *Pap. d'Orbiney*, V, 1. Voyez un autre exemple, *Pap. Abbott*, II, 18 : *bu pu na-* *ätau reχ peḥu-f* « les voleurs n'avaient pas pu y pénétrer. »

l'actif et pour le passif : au *Papyrus Abbott*, voici le résultat de l'une des investigations des grands juges [1] :

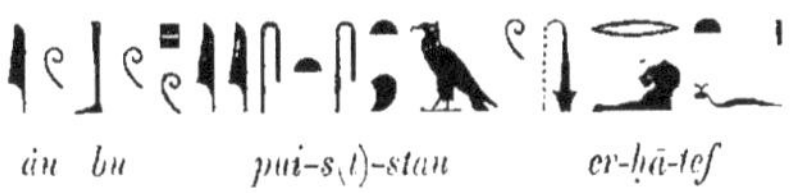

On trouva que ces hommes ne connaissaient aucune place dans l'endroit appartenant au Pharaon, etc. (mot à mot : les hommes ne connaissant pas).

La même idée est rendue par le passif, à propos d'un autre individu [2] :

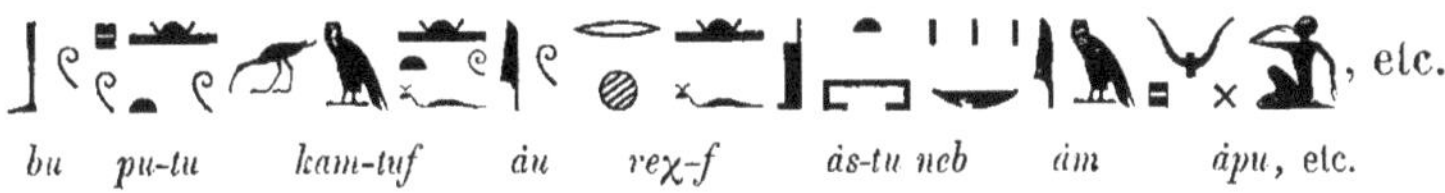

Il ne fut pas trouvé connaissant aucune place là, excepté, etc.

387. Nous avons dit que le verbe *pu* devenait variable sous la forme ⸗ *pui*, le *Récit des deux frères* offre un exemple du féminin *bu pui-s*. Au moment où Anpu arrive à sa maison, sa femme ne lui présente pas l'eau suivant son habitude [3] :

Elle ne fit pas de lumière devant lui.

La formule du passif ou du pronom indéfini devenait *bu pui-tu*;

[1] *Pap. Abbott*, VI, 14. Traduction de M. Chabas. Comparez, *ibid.* VI, 21 ; *âu-bu pu-tu na-kat-u tat smi* « et les ouvriers n'avaient pas fait de rapport. »

[2] *Ibid.* V, 5.

[3] *Pap. d'Orbiney*, IV, 9. M. Maspero a cité un exemple du masculin, tiré d'un papyrus inédit. Le passage du *Pap. d'Orbiney*, quoique légèrement altéré, est néanmoins lu avec certitude sur l'original.

le *Papyrus Abbott* parle encore, dans la même enquête, d'un tombeau commencé pour un prince et qui avait été laissé ouvert :

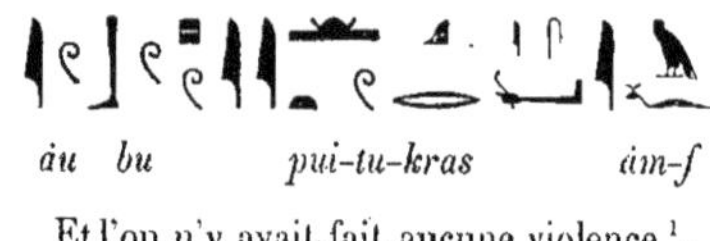

àu   bu   pui-tu-kras   àm-f

Et l'on n'y avait fait aucune violence [1].

La variété *bu pui* s'employait quelquefois, même lorsque l'on n'avait pas besoin d'affixes ; c'est ce que l'on voit dans une phrase du papyrus judiciaire, dit *Papyrus Rollin*, où la formule sert à nier le causatif et équivaut à « nolle, non sinere [2]. » Il est question des manœuvres magiques employées par un individu dans un but coupable :

nti   bu   pui   pa-rā   ta-t   χeperu   rutu-f   àm-u

Mais Phra n'a pas permis qu'il réussisse (analysez : Que n'a pas été *Pa-rā* donnant devenir réussir lui en elles).

388. La négation  *ben* ne diffère de la précédente que par la nasale ; elle est cependant soumise à des règles particulières dont plusieurs ne semblent dépendre que de l'euphonie. Nous avons déjà cité les variantes du rituel qui donnent à *ben* le caractère initial, à la place de ⌇⌇ *àn :*

ben ta-à àk-ek er-à, etc.

Je ne te permets pas d'entrer sur moi [3], etc.

---

[1] *Pap. Abbott*, V, 3. Telle est la traduction de M. Chabas : *kras* signifiant également *ensevelir* et le tombeau étant resté ouvert, je traduirais plus volontiers : « et l'on n'y avait enseveli personne, » mais ce doute n'influe en rien sur la forme grammaticale.

[2] Voyez Devéria *Pap. judiciaire*, V, 3.

[3] *Todtenbuch*, cxxv, 53 et suiv. Variantes des mss. du Louvre.

Ces cas ne sont pas rares; cependant *ben* est aussi usitée comme négation dépendante.

Dans la combinaison 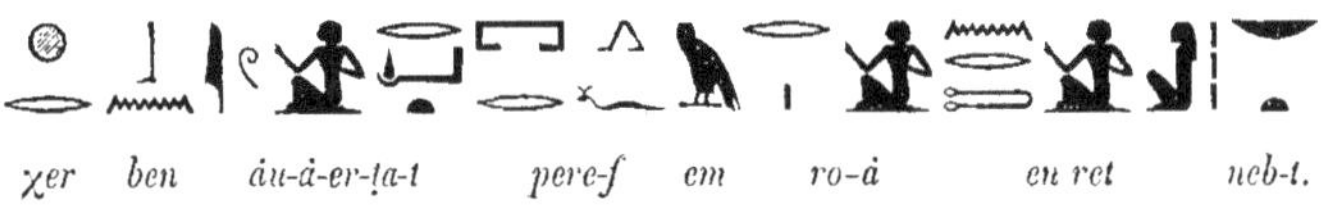 *àu ben*, *àu* reste purement conjonctif, comme lorsqu'il précède *bu*[1] ; mais *ben* se distingue du premier type par l'emploi que l'on en fait dans les temps composés : *ben àu-k*, *ben tuk* sont des formes très-usitées. L'exemple est encore fourni par le *Récit des deux frères; Bata*, après avoir vivement repris sa belle-sœur, de ses paroles honteuses, lui promet le silence :

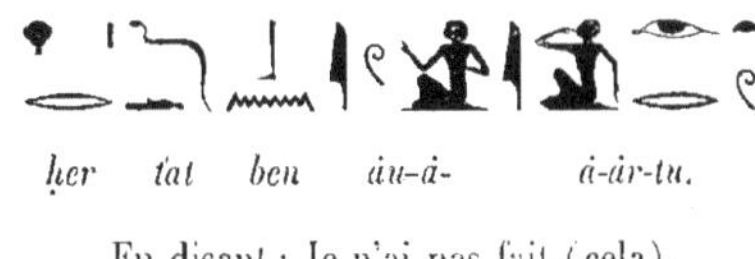

χ*er   ben   àu-à-er-ṭa-t   pere-f   em   ro-à   en ret   neb-t.*

Or, je ne le ferai pas sortir de ma bouche pour aucun homme.

Cette négation est souvent usitée après ⌐, annonçant des paroles citées textuellement. Le *Papyrus Salt* se sert plusieurs fois de cette locution[2] :

her   tat   ben   àu-à-   à-àr-tu.

En disant : Je n'ai pas fait (cela).

Il est remarquable que la simple addition de l'*n* ait donné à *ben* la faculté d'attirer à lui les affixes : *ben-à-er-ṭa-še-f er kame-t*, « je ne le laisserai pas retourner en Égypte, » dit le prince de Bakhtan, en parlant du dieu *Xons*[3].

389. Le décret de Canopus nous offre, à la ligne 21, un bon exemple de l'optatif négatif (une conséquence qu'on veut éviter) :

[1] Voyez ci-dessus, n° 383. — [2] Voyez *Pap. Salt*, revers 1, 9, 12, 13; traduit par M. Chabas. — [3] Stèle du prince de *Baxtan*, l. 23.

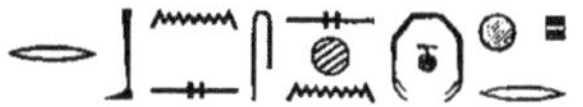

er ben-s se-seχen χeper.

Mot à mot : Pour que ne pas cela, l'événement arrive.

Après avoir rappelé ici le rôle de ⌡ redoublé, ou combiné avec ⌡ ℓ *bu*, pour ni ... ni ...[1], il ne nous reste qu'à faire voir la place qu'il occupe dans le conditionnel. Le *Papyrus Abbott*, interprété par M. Chabas, rendra cet ordre sensible, dans la phrase suivante[2] :

Si cette déclaration (que) vous avez faite aujourd'hui n'est pas une déclaration reconnue exacte, etc.

On voit que le sujet complexe est inséré en entier entre le verbe *ár* et l'objet à nier.

La tournure copte ⲁⲣⲉ...ⲧⲱ ou ϣⲧⲱ est très-analogue à celle-ci. Nous retrouverons cette particule à la négation interrogative et aux prohibitions.

390. La négation *tem*, conservée par le copte, est écrite ⥿, ⥿, ⥿ ⌑, ou même ⥿ ⌑ ℓ *temu*[3] : la forme copte

---

[1] Amon, venant au secours de Ramsès dans le poëme de *Pentaur*, lui dit, de ses ennemis : [hiéroglyphes] [hiéroglyphes] *mer-na bu ne-nu uā ḥa-f ben ki her ānnu-f* «je ne veux pas qu'un seul regarde derrière lui, ou qu'un autre se retourne. »

[2] Voyez Chabas, *Pap. Abbott*, p. 95.

[3] Champollion (*Grammaire*, n° 289, 4) ne l'a connue que sous la forme des bas temps [hiéroglyphe] ; nous avons défini la valeur et le rôle de [hiéroglyphe] dans le mémoire sur l'inscription d'*Ahmès*.

augmentée, ⳿ϣⲧⲉⲙ, n'a pas été observée dans la langue égyptienne. Le radical *temu* ou *tum* se prend dans le sens
d'être complet : il semble que le copte ⲧⲱⲙ « claudere » ait conservé la vraie signification radicale, car il est facile d'en déduire les
deux nuances si opposées de compléter et d'exclure. La négation
de cette forme est affectée aux termes conséquents; un de ses
usages les plus habituels, la fait répondre à *ne* (de peur que), dans
les phrases qui suivent une prohibition : « Ne sors pas au dehors,
dit *Bata* à sa femme,

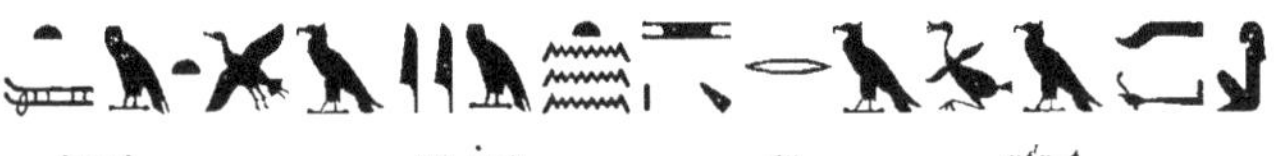

tem-t   pa–iam   er   afa-t.

De peur que le fleuve ne te saisisse[1].

Un grand nombre de chapitres du rituel ont leurs titres rédigé
sur le modèle suivant[2] :

ro en   tem   mu   em num em χer-t nuter.

Chapitre de ne pas mourir une seconde fois dans la région divine inférieure.

On voit qu'ici il n'y a pas de prohibition, l'emploi de
est simplement commandé par la dépendance du verbe qui suit
ro en, etc. « chapitre de faire, ou ne pas faire, telle action. » *Tum*
convient parfaitement à nier les cas obliques de l'infinitif, comme
dans la phrase suivante, tirée de la grande inscription du Ramesséum;
les espions du prince de *Kheta* avaient tâché de tromper *Ramsès II* :

, etc.

en ḥa n tem   ṭa-ḥeri-su   pa-(menfi) en ḥon-f er χerau

Mot à mot : Pour ne pas faire se préparer les soldats de sa Majesté à combattre[3].

[1] *Pap. d'Orbiney*, X, 1.
[2] Voyez Lep., *Todtenbuch*, ch. xliv et passim.
[3] Grande inscription de *Ramsès II* répétée à Ibsamboul, au Ramesséum et à Louqsor.

391. Dans les temps composés avec ⸤ç⸥, la place de *tem* est entre l'auxiliaire et le verbe attributif. Après la phrase citée ci-dessus, où il est dit que la femme d'*Anpu* ne lui présente pas la lumière pour entrer dans sa maison, le texte ajoute[1] :

áu-s(t) ḫa   tem-ṭa-t   mu   ḫa ṭot-f.

Elle ne donna pas l'eau pour les mains.

Ici encore, l'état, la dépendance de ⸤ṭa-t⸥, amène la particule ⸤tem⸥, par préférence à toute autre négation. Avec le conditionnel, la formule est la même que pour ⸤ben⸥ : ⸤...⸥[2]. La phrase suivante du *Récit des deux frères* nous a paru intéressante au point de vue de la construction : « Anpu cherche deux fois à frapper son frère[3],

en   pa-tem-χoṭebu-f.

Sans réussir à le tuer (mot à mot : en le pas tuer lui).

C'est la négation du *ma'sdar* augmenté de l'article. Nous retrouverons également ⸤tem⸥ aux prohibitions.

392. La négation ⸤men⸥ est très-rare; les locutions coptes (sah.) ⲉⲙⲛ, ⲉⲙⲙⲟⲛ se rapportent évidemment à ce type. Le radical *men* se prend pour le mal et aussi pour la pauvreté, la misère. C'est ainsi que le puissant *Antef* est qualifié :

mᾱk-ti men

Le protecteur du malheureux[4].

---

[1] *Pap. d'Orbiney*, IV, 9. Voyez ci-dessus, n° 387. — [2] Voyez ci-dessus, n° 389.
[3] *Pap. d'Orbiney*, VI, 8. — [4] Musée du Louvre, stèle d'Antef.

Le groupe 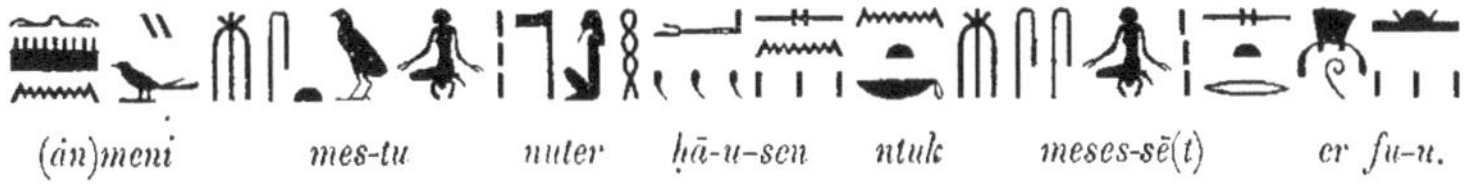 paraît répondre à ⲉⲙⲙⲟⲛ ; il n'est pas
certain toutefois qu'il faille transcrire *àn-men*, car le signe idéogra-
phique ⌒⌒, quoique initial, peut être compris dans le même mot.
En tout cas, cela constitue une négation très-énergique, ainsi que
le prouve ce verset d'un hymne au soleil, où il est question des
dieux célestes :

(àn)meni   mes-tu   nuter   ḥā-u-sen   ntuk   meses-sĕ(t)   er fu-u.

Aucun (autre) dieu n'a engendré leurs corps; c'est toi qui les a tous engendrés [1].

393. Le radical négatif ◎⟨⟩ ⌒⌒ χ*em* est d'un usage beaucoup
plus fréquent que le précédent; c'est un véritable verbe signifiant,
à la voix active, « annuler, effacer, détruire [2], » et dans un sens plus
neutre, « ignorer ou omettre. » C'est ainsi que, dans les clauses du
Rituel funéraire, la formule ⟨figure⟩ *àr* χ*em ro pen*, etc. « si
ce chapitre est ignoré, etc. » est opposé à ⟨figure⟩
*àr re*χ *ro pen* « si l'on connaît ce chapitre, etc. » Il se joint très-souvent au verbe nié sous la forme grammaticale du participe. Au
poëme de Pentaur, *Ramsès* adresse ses reproches à ceux qui n'avaient
pas pris part au combat :

*naif-uer-u   *χ*emi-u   *χ*erau.*

Les princes n'ayant pas combattu.

En raison de sa valeur verbale, χ*em* prend les affixes personnels
directement. Il est à remarquer que la seconde personne ◎⟨⟩⌒⌒
χ*em-ek* (tu non) convient à l'indicatif et au prohibitif. C'est le second sens qui paraît applicable dans la phrase suivante du *Rituel*

[1] Musée de Berlin, stèle n° 1355, de la collection Passalacqua.

[2] On le trouve souvent alors écrit ◎⟨⟩ χ*emā*.

funéraire : 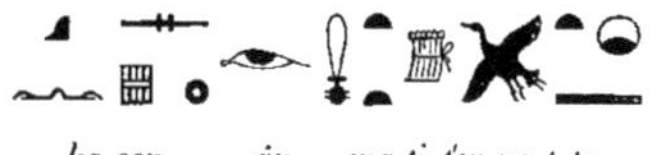 χ*em-ek iu er-à* « ne viens pas vers moi[1] ! » χ*em* est véritablement, dans tous ces cas, un verbe auxiliaire négatif.

On regarde généralement la forme augmentée ⦿ *àχem,* comme identique, pour le sens, avec ⦿ χ*em*[2].

394. Je ne connais qu'un seul exemple de la négation *ka ;* mais il n'est pas possible de soupçonner une erreur de gravure sur le petit obélisque de Karnak, où se lit la phrase suivante :

ka-sep   àr   ma-ti ter pa-t to.

Jamais on n'a fait pareil depuis l'existence du monde. (*Ka-sep* est mot à mot : pas de fois.)

Les textes offrent encore diverses locutions négatives, telles que : *šu* « exempt de, privé de, » et *ka* « privé, dépourvu, » mais leur étude appartient plutôt au dictionnaire[3].

FORMES PROHIBITIVES.

395. La négation *em* est spécialement prohibitive ; elle s'écrit par seul, sa position initiale prêtant rarement à l'équivoque : avec les affixes personnels, la particule se renforce et s'écrit *àm* ou . Le ⲙ négatif du copte n'a pas la valeur prohibitive, aussi rapportons-nous son origine à ⲃⲟⲩ *bu ;* ainsi : ⲘⲈⲔⲈⲒⲢⲈ est « non facis, » et non pas « non fac. » Mais ⲘⲠⲈⲢ est prohibitif et le ⲙ initial peut y provenir de joint aux auxi-

---

[1] Lepsius, *Todtenbuch,* xc, 6. — [2] Elle est surtout connue par le nom des constellations dites : *àχem-u seku* et *àχem-u uret-u* « les non-mouvants et les non-reposants. » — [3] Voyez le n° 226 pour le négatif *ànem.*

liaires [1].  isolé se place devant un verbe à l'infinitif ou à la forme absolue :

em-ḫā er-ā em meter.

Non surge contra me sicut testis !

Tel paraît être le sens de l'allocution du défunt à son cœur[2]. Analysez : « non surgere, » ce qui pourrait convenir également à la 2ᵉ ou à la 3ᵉ personne.

Avec cette formule, le verbe pourvu d'un affixe doit souvent être traduit au passif[3] : *em-χesef ruf em ta-ta-su* « non repellatur ille a principibus ; » *em χem-f mā ten* « non renuatur a vobis. »

396. Pour la distinction que fait ordinairement l'usage entre *em* et *ām*, M. Lepage-Renouf a rapproché avec raison deux passages du *Papyrus Prisse* qui ne diffèrent que par ces deux formes :

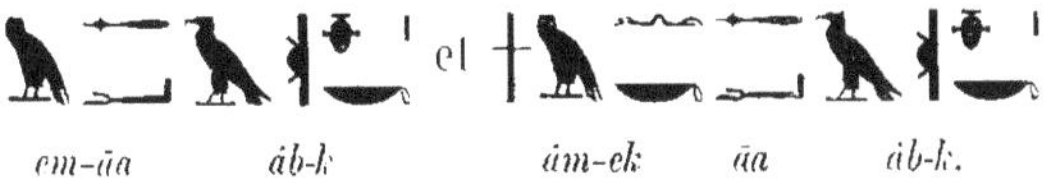

em-āa āb-k et *ām-ek āa āb-k.*

Non magnum fiat cor tuum *et* ne extollas cor tuum.

Quoique les deux phrases soient exactement de même signification, le premier *āa* doit être considéré comme invariable ; le second est régi par *ām-k* qui lui donne une forme verbale conjuguée. est une forme rare ; l'orthographe usuelle est de même valeur phonétique, c'est celle de presque toutes les prohibitions :

---

[1] Cette partie de la grammaire a surtout été étudiée par MM. Chabas et Goodwin, *Mélanges*, p. 87 et par M. Lepage-Renouf, *Miscellanea*, 1865.

[2] Légende du cœur sur les gros scara-bées ; comparez le prohibitif italien, par l'infinitif.

[3] Lepage-Renouf, *l. l. Todtenbuch*, XXVII. 2.

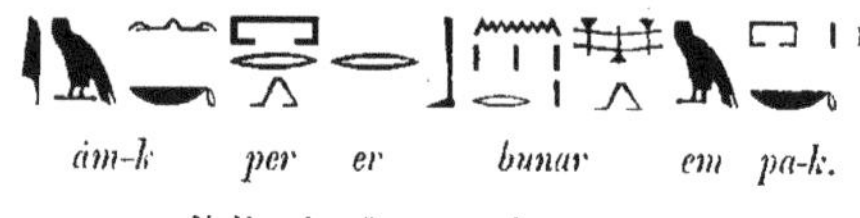

àm-k   per   er   bunar   em   pa-k.

Noli exire foras, e domo tua.

397. L'affixe, suivant *àm*, prend quelquefois les formes augmentées de ⊂⊃ ou de ‿‿‿ ; exemples :

àn-sē(t)   ḥa-à   àm-ruk   em   ài   àri-t   nekenu.

(Dicunt) illi ad me : Ne tu, veniens, facias detrimenta.

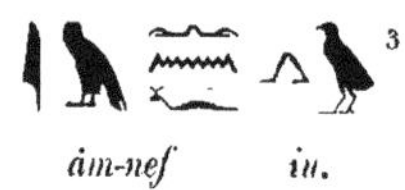

àm-nef   iu.

Non veniat.

Il résulte de ceci que la particule, dans sa forme pleine *àm*, est
traitée comme un verbe négatif.

398. ▌▌‿‿ *àm* n'est pas exclusivement réservée au cas où
figure un affixe ; c'est ce qu'on peut observer dans l'exemple suivant,
où l'on voit, en même temps, que le groupe ▌▌‿‿ pouvait, dans
certaines locutions, remplir le même rôle que ‿‿‿ *àn*, en dépouil-
lant le caractère prohibitif :

« Je suis l'*horus* d'Égypte, » dit le dieu[4] :

ḥu   χeftu-f   ter   āuai   àm-kar-t.

(Qui) percussit hostes suos, destruxit scelestum, non tacens.

---

[1] *Pap. de Boulaq*, XVII, 11. Cf. *Calendrier Sallier*, à toutes les prohibitions.

[2] *Todtenbuch*, LXXVIII, 13.

[3] *Ibid.* l. 8.

[4] *Todt.* CXXXVIII, 3. Cette légende se relie
à l'efficacité de la parole divine, si bien
mise en lumière par Théodule Devéria,
dans son étude sur ▌▌ *mā-χeru*.

399. La particule prohibitive se joint aux auxiliaires àri et ṭa, ou er-ṭa. Pour le premier cas, on trouve, soit la forme absolue *em-àri*, soit les variantes *àm ek àri* ou *ḫa ari*, *em-àri-k* et *em-àri. . .k* ou *ruk*, suivant que l'affixe est attaché à la négation, au verbe auxiliaire ou au verbe principal, car tous ces modèles de locutions étaient autorisés par l'usage. Nous citerons un exemple de chaque variété. Les nègres de *Kuš*, effrayés des exploits du roi Horus, se disent l'un à l'autre[1] :

em-àri-pere   pa-maàu   àk   er   kuši.

Ne exeas! leo ingressus est Æthiopiam.

Le prohibitif du verbe *àri* «faire,» prend lui-même *àri* auxiliaire :

em   àri-àr-t   hru   usefa-tu.

Noli agere diem otiositatis.

Pour l'affixe joint à *em-àri*, on peut étudier la leçon suivante tirée des sentences du scribe *Ani*[3] :

em-àri-k   rekai-tu   uhanu   (pa?)   ret   ḫa

nas-tef.

Ne fais pas de querelles! la ruine de l'homme est sur sa langue!

---

[1] Lepsius, *Denkm.* III, 120.

[2] *Pap. Anastasi V*, 8, 5.

[3] *Pap. de Boulaq*, XX, 8. — Le signe ☐ *pa* «maison» nous a semblé ici un déterminatif supplémentaire de l'idée «ruine.» S'il faut le traduire, le sens sera peu modifié : «la ruine de la maison d'un homme, etc.»

Voici maintenant l'affixe rejeté après le verbe principal :

em-âri utefa ruk.

Ne tarde pas, ô toi [1] !

400. Avec le causatif, la prohibition prend les formes :  *em-ṭai, em-ṭai-t,* et *em-er-ṭa-t ;* c'est une locution équivalente à « noli ! » ou « non sine ! »

Bata, recommandant à son frère de chercher son cœur pendant sept ans, s'il le faut, ajoute [2] :

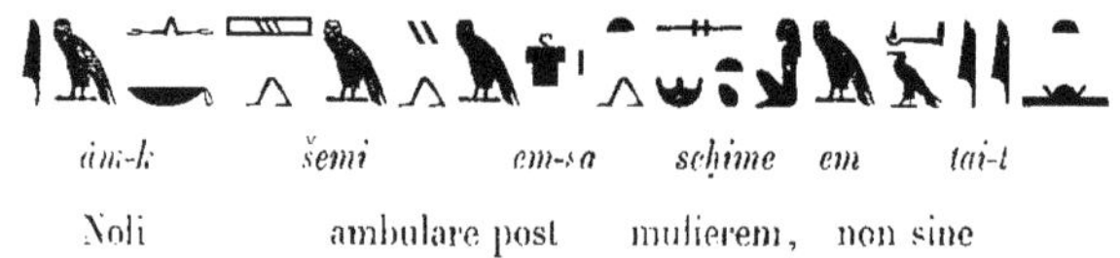

em-ṭai   fit   hati-k.

Ne laisse pas rebuter ton cœur !

La maxime suivante réunit les deux formules prohibitives [3] :

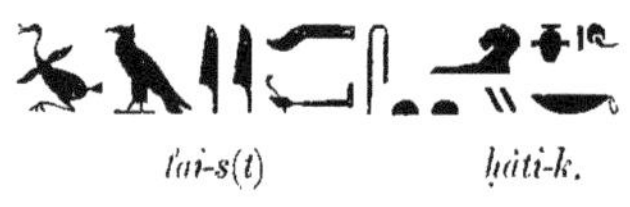

âm-k   šemi   em-sa   schime   em   ṭai-t

Noli   ambulare post   mulierem,   non sine

ṭai-s(t)   hati-k.

rapere illam   cor tuum.

---

[1] Lepsius, *Denkm.* III, 105. *Utefa* signifie « retarder ; » le déterminatif ∧ le distingue nettement, dans ce texte, de *usefa,* avec lequel il pourrait être confondu dans la lecture des mss. hiératiques, car il a aussi quelquefois l'oiseau funeste. Dans le *Récit des deux frères, Bata,* pressé de rapporter des semences aux champs, dit de même à sa belle-sœur : *em ṭaït utefa* « ne me retarde pas » (*Pap. d'Orbiney,* X, 3). C'est donc à tort qu'on a lu *usefa* à cet endroit.

[2] *Pap. d'Orbiney,* VIII, 5.

[3] *Pap. de Boulaq,* XXII, 6.

Avec le groupe  *er-ṭa-t* le sens paraît le même :

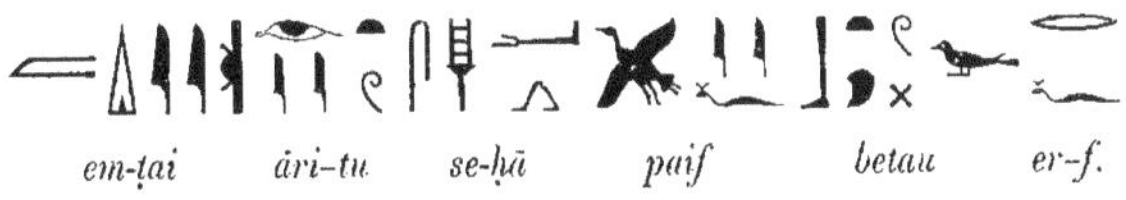

em er-ṭa-t âb-k   na âbu.

N'abandonne pas ton cœur aux amusements.

401. La finale *tu*, indice du passif et du pronom vague « on » s'introduisait dans le prohibitif à l'aide de l'auxiliaire  *âri-tu*. Dans le traité conclu par Ramsès II avec le prince de *Khet*, on lit une clause qui garantit le pardon au transfuge livré par l'un des deux partis [2] :

em-ṭai   âri-tu   se-ḫâ   paif   betau   er-f.

Mot à mot : Qu'il ne soit pas fait élever sa faute contre lui.

La même relation grammaticale est exprimée de nouveau, à la ligne 36, d'une manière très-différente : on s'est servi du pronom absolu vague *em tu tu* « on; » celui-ci, étant initial, a amené la négation *tem* [3] :

emtutu tem   schâ   beta neb er-f.

Mot à mot : Que l'on n'élève pas faute aucune contre lui.

Ce passage prouve bien, par l'identité des clauses, que le sens prohibitif appartenait aussi à la négation *tem* ; mais son usage était moins fréquent, parce qu'en général elle ne se plaçait pas en tête de la phrase.

402. Nous venons de constater que *tem* pouvait, à l'oc-

---

[1] *Pap. Anastasi* V, 8, 12. — [2] Lepsius. *Denkm.* III, 146, l. 23. — [3] Voyez ci-dessus, n° 390.

casion, remplacer le **| ᛍ ⌇** *àm* prohibitif; en effet, les diverses négations déjà étudiées se rencontrent aussi quelquefois avec la même valeur. Le *Papyrus Anastasi* n° IV formule ainsi ses conseils contre l'ivrognerie [1] :

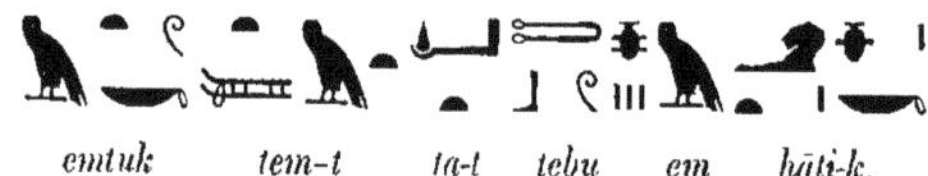

emtuk   tem-t   ṭa-t   tebu   em   hāti-k.

Mot à mot : Ne mets pas les boissons dans ton cœur!

tem semble même initial dans la locution *tem-ek-teṭ* « ne dis pas! » mais alors cette phrase est en rapport intime avec ce qui précède [2].

Dans l'avis suivant [3], adressé au scribe paresseux : *àn ementuk seχi* « ne fais pas la sourde oreille, » on reconnaît prohibitif; mais la construction du pronom fait bien ressortir le caractère spécial des deux particules : *àn ementuk* ... et *emtuk tem* ...

ben, très-usité pour les négations redoublées, gardera ce caractère dans les défenses répétées. Voici encore un conseil de tempérance [4] :

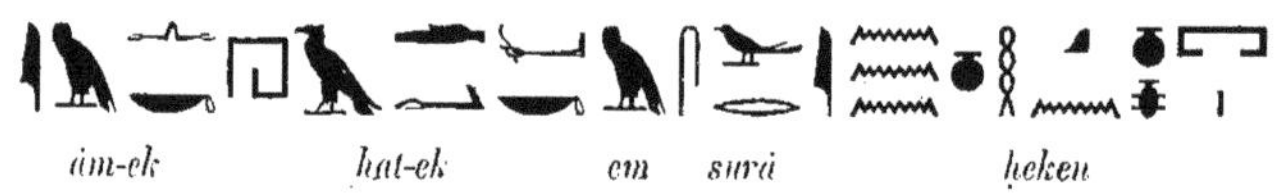

àm-ek   hat-ek   em   surà   heken

ben-tu-χer-tu.

Ne te précipite pas dans la maison aux boissons et n'y parle pas à haute voix.

[1] *Pap. Anastasi*, IV, 12, 1.

[2] *Ibid.* I, 28, 27. Il s'agit de réfuter d'avance une objection.

[3] *Ibid.* IV, 2, 7.

[4] *Pap. de Boulaq*, XVII, 6. *χeru* se prend pour une voix forte et même pour des cris. *Ben-tu χer-tu* est une forme de participe négatif, analogue à celle que nous avons constatée pour le participe ordinaire, remplaçant l'impératif. (Voyez n° 325.)

403. Auprès de la prohibition directe et absolue qui s'adresse à la 2ᵉ personne, il faut ranger les défenses, les conseils et les vœux, plus ou moins accentués et exprimés par le substantif ou l'optatif avec une négation. Nous avons déjà noté des phrases de ce caractère pour *em taït* et pour *tem*, les autres négations s'y prêtent également. ⟨⟩ *àn āk en ki er-s* « qu'un autre n'y entre pas! » dit *Pianχi meriamun*, après avoir apposé son sceau sur une porte à Héliopolis[1] : c'est une défense absolue. ⟨⟩ *àn sek-f* « qu'il ne soit pas lésé! » tel est le vœu appliqué aux momies et à tous les objets consacrés à la mémoire des défunts. Le décret de Canopus[2] offre la combinaison ⟨⟩ *er àn*, tout à fait analogue à ⟨⟩ *er-mai* (optatif) :

er-àn sen-ut hau en àr   ḥeb   pen ḥa-s.

Que ne soit pas transféré le jour de faire cette panégyrie, pour cela.

Dans le traité de Ramsès avec le prince de *Kheta*, outre les formules indiquées ci-dessus *em-ṭaï-tu* et *emtutu tem*, nous pouvons signaler l'emploi de ⟨⟩ *bu* et *ben* dans le même sens[3] : ⟨⟩ *àu bu àri* « et qu'il ne fasse pas, » ⟨⟩ ..... ⟨⟩ *ben àr* ..... *er šep-u* « qu'il ne les reçoive pas. » Il est donc aisé de constater que, pour la prohibition indirecte, les négations ⟨⟩ *em* et ⟨⟩ *àm* n'obtenaient plus la même préférence.

404. Il sera utile d'ajouter un mot pour expliquer une manière très-usitée d'indiquer la prohibition : à savoir l'impératif du verbe

---

[1] Inscription de *Pianχi-meriamun*, l. 105. — [2] Décret de Canopus, l. 19. Le grec traduit : μὴ μετατίθεσθαι τὴν πανήγυριν. — [3] Voyez *Traité de Ramsès II*, l. 13 et l. 22. Lepsius, *Denkmäler*, III, 146.

sau, qui répond à *cave*. Séti Ier défend ainsi qu'on en-
lève aucun travailleur à ses mines d'or[1] :

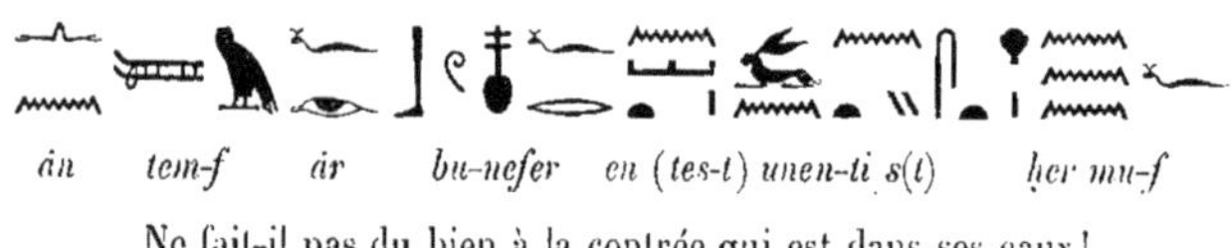

Gardez-vous de détourner aucun homme !

L'objet défendu est régi par les particules <==> ou ♥ |.

DES NÉGATIONS INTERROGATIVES.

405. Les locutions de cette nature sont précieuses, soit pour l'in-
sinuation, soit, en général, pour la vivacité qu'elles communiquent
au discours. Elles sont quelquefois caractérisées par des tournures
qui ne laissent pas prise au doute, mais le ton de la parole est parfois nécessaire pour les distinguer de la négation véritable. La
langue égyptienne avait deux modes spéciaux que nous expliquerons tout d'abord. Le premier consistait dans une double négation
(nonne ?) Le récit de *Saneha* introduit l'éloge du roi d'Égypte, où
l'on rencontre cette phrase[2] :

Ne fait-il pas du bien à la contrée qui est dans ses eaux !

Une phrase du *Papyrus Anastasi* nº 1 réunit de même ~~~ avec
| ℮ :

---

[1] Voyez *Denkmäler*, III, 140, c. Comparez Chabas, *Pap. Abbott*, p. 29; et les
défenses du *Calendrier Sallier*, par exemple, au 15 *choiak* : *sau-tu er bunr em ke-
rah em haru pen* « gardez-vous de sortir
dans la nuit, ce jour-là. »

[2] *Pap. de Berlin*, récit de *Saneha*,
l. 74, traduit par M. Goodwin. | ℮ n'est
pas ici une troisième négation, c'est la
particule abstractive. Nous avons déjà expliqué la locution : être dans les eaux,
pour : suivre les ordres de quelqu'un.

án-bu   *sotem-ek*   *ran*   *en ámen-uah-su.*

N'as-tu pas entendu (répéter) le nom d'*Amenuahsu?*

406. Le second mode consistait à accoler une exclamation à la négation, la particule ⸮ est ordinairement choisie pour cette fonction; la voici réunie avec ⸮ dans le discours de *Ramsès II* à ses généraux [1] :

ás-án   *un*   *uá*   *ám-ten*   *áu-ári-á*   *nef*   *sep*   *nefer*   *em*

pi-á-to.

N'est-il donc pas un d'entre vous à qui j'ai fait du bien dans mon pays?

407. Le même poëme répète ce reproche dans le second discours du roi, en se servant de ⸮ *ás-bu* [2] :

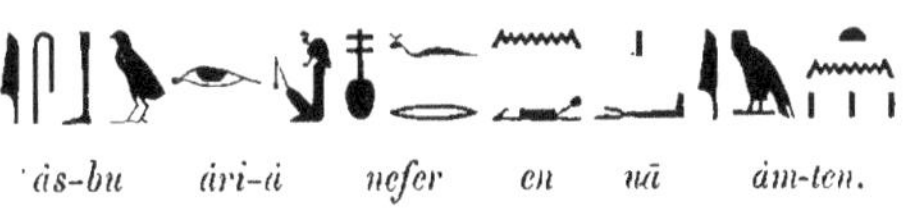

ás-bu   *ári-á*   *nefer*   *en*   *uá*   *ám-ten.*

N'ai-je donc pas fait du bien à un (seul) d'entre vous?

Le *Papyrus Sallier* a passé, dans le même morceau, une phrase remarquable que je me permettrai de citer comme un second exemple de *ás-bu* [3] :

[1] Poëme de *Pentaur*, texte de Louqsor, l. 46. Le *Pap. Sallier*, très-fautif ici, passe ⸮.

[2] Poëme de *Pentaur*, Pap. *Sallier*, VIII, 5, complété par Louqsor, l. 67.

[3] *Ibid*. Louqsor, l. 68; Karnak. 58.

Le *Pap. Sallier*, 1, 6, 2, porte la variante ⸮ *aste bu sχa-nek* «ne t'es-tu pas rappelé?» Je ne sais pas si *aste* est régulier ici; le duplicata, *Pap. Anastasi*, V, 15, 7, porte ⸮ *ás bu.*

as-bu reχ-ten er-laṭ em àb-ten nuk pai-ten-sebti

en ba-n-pe.

Ne pouviez-vous vous dire dans vos cœurs (que) j'étais votre muraille de fer?

408. La combinaison ⌐ às-ben est la plus usitée de toutes; elle se trouve à plusieurs reprises dans l'œuvre de Pentaur et dans les autres papyrus. La femme d'*Anpu* prétend avoir tenu ce discours à *Bata* :

as-ben ànuk tai-k mut.

Ne suis-je donc pas (comme) ta mère?

409. Cet exemple suffit pour une locution déjà reconnue et acceptée, mais nous pourrions en désirer de nouveaux pour la liaison de *ben* avec la particule χer « or » ou « donc. » M. Chabas a indiqué la phrase suivante, comme appartenant au même genre de négations. Après l'énumération des crimes d'un individu, le dénonciateur ajoute :

χer ben-šau ta-àau-t uuna.

Cette œuvre (inique) ne commence-t-elle donc à être patente?

C'est le seul exemple qui nous soit connu jusqu'ici dans le sens proposé.

410. Nous avons parlé d'une troisième méthode, qui consiste-

rait dans la négation ordinaire, différenciée simplement par le ton
de la parole. Si je dis à quelqu'un : Vous n'avez pas fermé la porte?
l'accentuation pourra faire, de cette phrase, une négation simple,
une exclamation ou une interrogation. Les notions générales de la
grammaire donnent à penser que ces tournures se présentent dans
la plupart des langues; mais la théorie ne suffit pas, si raisonnable
qu'elle soit, il faudrait prouver, par les textes, que telle locution a
été réellement usitée en égyptien. Nous ne pourrons citer ici que
très-peu d'exemples et aucun n'est d'un caractère incontestable.

⁓ se rencontre au *Papyrus Anastasi* dans les conditions suivantes : le maître parle à son disciple d'un sentier difficile (au mo-
ral), il conclut ainsi : ⁓ ꝑ *àn reχ-ek su* « ne le sais-tu
pas[1]? »

Quant à la négation ⸗, on a cité souvent la phrase du *Papyrus Anastasi* n° 2, adressée au scribe :

tem-ek-   *fai*   *mesta.*

Ne portes-tu pas la palette?

Ce sens paraît bien naturel, malheureusement le texte est très-cor-
rompu dans le duplicata du *Papyrus Sallier*[2].

La stèle de *Xemmes*, au musée du Louvre, contient la phrase
suivante, dans l'hymne à Osiris[3] :

tem   *uer-u*   *ma keti-sen nek àm.*

Les grands et les petits (des hommes) ne sont-ils pas à toi?

---

[1] *Pap. Anastasi*, I, 12, 7. On pourrait
comprendre ce membre de phrase dans
le sens de « tu ne le connais pas. »

[2] Le texte (*Pap. Anastasi*, II. 7, 1)
parait beaucoup meilleur que celui du
Pap. Sallier, I, 6, 10; il milite en faveur
du sens interrogatif.

[3] Musée du Louvre, stèle C, 218.

La position de *tem* ne nous engage pas à la rapporter ici au radical *temu* «être complétement,» l'interrogation est plus probable.

411. Remarque. — On voit que cette question reste ouverte et aurait besoin de preuves très-claires pour chaque négation : nous n'avons trouvé aucune phrase de ce genre pour justifier le sens interrogatif donné à *ben* et *bu* (sans particules) par divers auteurs. Nous citerons la phrase suivante, pour montrer avec quelle précaution on doit procéder dans cette recherche. Elle est tirée du discours du prince de *Kheta* au prince de *Kati*, qu'il invite à venir visiter *Ramsès II*[1]; c'est de ce roi qu'il parle ainsi :

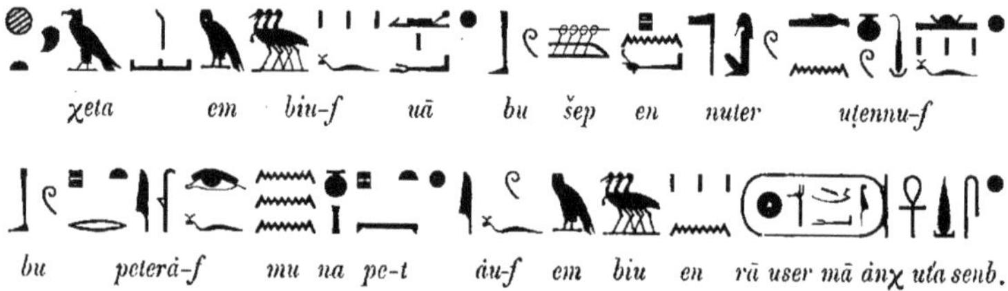

Ce passage a été traduit dans la supposition de *bu* interrogatif, mais la négation simple nous paraît donner un sens plus satisfaisant et nous proposons de le rendre ainsi : «(Le pays de) Khet est dans les esprits (du roi) seul, aucun (autre) dieu ne reçoit ses offrandes; il ne contemple plus l'eau céleste, il est dans les esprits de *Rā user mā*.» C'est une flatterie de l'écrivain pour le *Ramsès* divinisé. La série des négations ⌐ interprétée par M. Chabas, dans le *Papyrus Anastasi*, comme interrogative, a été comprise dans le sens ordinaire par MM. Brugsch et Devéria, et nous sommes de leur avis sur ce point du débat[2].

----

[1] *Pap. Anastasi*, II, 3; et IV, 9, comparés : les points ● sont rouges et marquent la séparation des versets.

[2] Voir ci-dessus, n° 381, la phrase *bu ptar-ek-sen ter mesuk* «tu ne l'as pas vu depuis que tu es né.» Elle nous semble assurer la marche de tout le discours, dans le sens de la négation ordinaire.

Nous avons joint à chaque article la partie la plus élémentaire de la syntaxe des verbes, il nous reste à exposer certaines modifications de temps, qui dépendent du jeu des conjonctions et de la position des membres de la phrase ; nous en ferons l'étude dans les numéros suivants [1].

[1] Tel était le projet de l'auteur de l'*Abrégé grammatical ;* malheureusement sa fin prématurée l'a empêché de le mettre à exécution. Le manuscrit du IIIe fascicule était complétement terminé : c'est ce qui m'a permis d'en poursuivre la publication, et je n'ai eu pour ma part qu'à en corriger les épreuves. (Vte J. de Rougé.)

FIN.

TABLE DES MATIÈRES.

TROISIÈME FASCICULE.

www.ingramcontent.com/pod-product-compliance
Ingram Content Group UK Ltd.
Pitfield, Milton Keynes, MK11 3LW, UK
UKHW021219140726
13695UKWH00002B/645